지역 교회를 목회하는 데 도움되는 큰 통찰을 준다. 켈러의 주장처럼 그리스도인은 가짜 신을 분별하지 않는 한 자신이나 문화를 진정으로 이해할 수 없다.

〈크리스채너티 투데이〉

켈러는 십계명의 제1계명을 위반하는 것이 먼 옛날의 문제일 뿐이라는 오만한 결론을 깨트린다. 그는 성경적 신학에 입각해 현대의 맨해튼에서 다년간 노련하게 영혼을 수술해 왔다. 켈러가 내리는 정확한 진단 덕분에 우리는 더 이상 무지할 수도, 냉담할 수도 없다.

데이비드 B. 가너 웨스트민스터신학대학원 조직신학 부교수

명쾌하고 흡인력 있는 문체로 표현된 켈러의 지혜와 성경 이해가 돋보인다. 이에 힘입어 기독교인과 비기독교인 모두 마음속의 우상을 파악해 그 허망한 약속을 그리스도 안의 소망으로 대체할 수 있다.

〈월드〉

팀 켈러는 성경 이야기를 잘 풀어내 들려준다. 이전의 《팀 켈러의 탕부 하나님》처럼 이 책도 성경 이야기에 기초한 것이다. 읽을 때마다 꼭 처음 듣는 기분이다. 단연 올해 내가 읽은 최고의 책 중 하나다.

팀 챌리스 《비주얼로 신학하기》 저자

팀 켈러의
내가 만든 신

Counterfeit gods

counterfeit [카운터핏]

1. 위조의, 모조의, 가짜의, 거짓의, 허울뿐인
2. -인 체하는, 가장한

Counterfeit gods
by Timothy Keller

Copyright © 2010 by Timothy Keller
Korean Translation Copyright © 2017 by Duranno Ministry
All rights reserved.

This Korean edition published by arrangement with Timothy Keller c/o McCormick Literary, New York, through Duran Kim Agency, Seoul

이 책의 한국어판 저작권은 듀란킴 에이전시를 통해 Timothy Keller c/o McCormick Literary와 독점 계약한 두란노서원에 있습니다.
저작권법에 의하여 한국 내에서 보호 받는 저작물이므로 무단 전재와 무단 복제를 금합니다.

팀 켈러의
내가 만든 신

지은이 | 팀 켈러
옮긴이 | 윤종석
초판 발행 | 2017. 5. 8.
109쇄 발행 | 2025. 11. 26.
등록번호 | 제1988-000080호
등록된 곳 | 서울특별시 용산구 서빙고로65길 38
발행처 | 사단법인 두란노서원
영업부 | 02)2078-3333 FAX | 080-749-3705
출판부 | 02)2078-3330

책값은 뒤표지에 있습니다.
ISBN 978-89-531-2828-6 03230

독자의 의견을 기다립니다.
tpress@duranno.com www.duranno.com

두란노서원은 바울 사도가 3차 전도 여행 때 에베소에서 성령 받은 제자들을 따로 세워 하나님의 말씀으로 양육하던 장소입니다. 사도행전 19장 8-20절의 정신에 따라 첫째 목회자를 돕는 사역과 평신도를 훈련시키는 사역, 둘째 세계선교™와 문서선교(단행본·잡지) 사역, 셋째 예수문화 및 경배와 찬양 사역, 그리고 가정·상담 사역 등을 감당하고 있습니다. 1980년 12월 22일에 창립된 두란노서원은 주님 오실 때까지 이 사역들을 계속할 것입니다.

하나님 자리를 훔치다

팀 켈러의
내가 만든 신

팀 켈러 지음 | 윤종석 옮김

두란노

 차례

프롤로그

우상, 생각보다 훨씬 더 위험하다 · 12

내가 만든 신은
반드시 나를 배신한다

1 ▷ 33

내가 만든 신, 평생 소원

오래 간절히 바랄수록
우상이 되기 쉽다

2 ▷ 61

내가 만든 신, 사랑

사랑에 속고 속다
환멸에 찬 노예가 되었다

3 ▷ 95

내가 만든 신, 돈

풍족한 소유와 소비로도
영혼의 헐벗음은 면치 못한다

4 ▷ 125

내가 만든 신, 성취

그 어떤 성공신화도
'인간의 한계'를 넘을 수 없다

5 ▷ 157

내가 만든 신, 권력

권력의지는
두려움의 또 다른 얼굴이다

6 ▷ 193

가면 쓴 숨은 신들, 문화와 종교

은혜 없는 복음은
'가짜 하나님'을 만든다

7 ▷ 229

제자리를 찾아서

전인격이 예수 복음을
통과해야 한다

에필로그

가짜들에게 결별을 선언하다 · 243

'참 하나님'으로 대체하지 않으면
계속 대상만 바뀔 뿐이다

주 · 259

감사의 말 · 279

가짜를 식별할 줄 아는 나의 아들
데이비드, 마이클, 조너선에게

프롤로그

우상, 생각보다 훨씬 더 위험하다

내가 만든 신은
반드시 나를 배신한다

"세상에는 실체보다 우상이 더 많다."
프리드리히 니체, 《우상의 황혼》

2008년 중반에 세계 경제 위기가 닥치자, 한때 부유하고 인맥 넓던 사람들이 줄을 이어 비참하게 자살했다. 연방주택담보대출공사 프레디맥(Freddie Mac)의 재무 담당 부사장 대행은 자택 지하실에서 목을 맸다. 미국에서 손꼽히는 부동산 경매회사 셸던 굿(Sheldon Good)의 최고경영자는 빨간색 재규어 운전석에서 머리에 총을 쐈다.

유럽 여러 왕가와 고위층 집안의 재산을 맡아 투자했던 프랑스의 자산관리사는 버나드 메이도프의 폰지 사기로 고객 돈 14억 달러를 날리자 매디슨 가 사무실에서 손목을 칼로 그었다. HSBC은행의 덴마크인 중역은 하룻밤에 500파운드나 하는 런던 나이츠브리지의 스위트룸 옷장에서 목을 맸다. 베어 스턴스(Bear Stearns)의 간부는 파산한 자사를 인수한 JP모건 체이스(JPMorgan Chase)에 자신이 임용되지 못할 것을 알고 약물을 과다복용한 뒤 29층 사무실에서 뛰어내렸다. 한 친구는 "베어 스턴스 일로 …… 그의 기운이 꺾였다"라고 증언했다.[1] 1929년 주식시장 붕괴에 따른 연쇄 자살을 오싹하게 연상시킨 사건들이다.

1830년대에 알렉시 드 토크빌은 미국을 설명하며 유명한 말을 남겼다. "풍요의 한복판에서 …… 우울한 이상

기류가 시민들을 괴롭히고 있다."[2] 미국인들은 풍족해지면 행복해질 것이라 믿었으나 그런 희망은 신기루였다. 토크빌의 말처럼 "이 세상의 부실한 낙은 결코 (인간의) 마음을 채워 줄 수 없기" 때문이다.[3] 이 우울한 이상기류는 여러 모양으로 나타나지만 매번 그것은 '절망'으로 끝난다. 찾으려던 것을 결코 얻지 못한다.

절망은 슬픔과 다르다. 슬픔은 위로받을 수 있는 고통이다. 슬픔은 여러 좋은 것 중 하나를 잃었을 때 찾아온다. 예컨대 직장에서 낭패를 겪었다면 가정에서 위안을 얻어 헤쳐 나갈 수 있다. 반면에 절망은 위로받을 길이 없다. 궁극적인 것을 잃었을 때 찾아오기 때문이다. 무엇을 위해 살아야 할지 길을 잃어버린 사람은 달리 의지할 만한 대안이 없다. 그야말로 기운이 꺾인다.

정신없이 바쁜 호황기에도 만연해 있다가 경제적 내리막길을 걸을 때 지독한 절망으로 변하는 이 '우울한 이상기류'의 원인은 무엇인가? 토크빌은 삶 전체를 "이 세상의 부실한 낙" 위에 세워 올린 결과라고 이유를 분석했다. 그리고 그것이 바로 우상숭배다.

우상이 점령한 사회

'우상숭배'란 단어를 들으면 현대인은 목상 앞에 절하는 원시인의 모습을 떠올린다. 사도행전에는 고대 그리스·로마 세계의 문화가 생생히 묘사되어 있다. 당시 도시마다 좋아하는 신이 있어서 신전을 짓고 신상을 숭배했다. 바울이 아덴(아테네)에 가 보니 말 그대로 신상 천지였다(행 17:16 참조). 아테나 여신의 파르테논 신전이 전체를 압도했고, 미의 여신 아프로디테, 전쟁의 신 아레스, 다산과 부의 여신 아르테미스, 대장장이 신 헤파이스토스 등 온갖 신이 광장마다 즐비했다.

우리 현대 사회도 고대 사회와 근본적으로 다르지 않다. 문화마다 그 문화를 지배하는 우상이 있다. '제사장'과 토템과 의식(儀式)도 있다. 사무실이나 헬스장이나 스튜디오나 경기장 같은 신전이 있어, 행복한 삶이라는 복을 얻고 액운을 물리치려면 거기서 제사를 드려야 한다. 미모와 권력과 돈과 성취의 신이란 바로 우리 개개인의 삶과 사회 전반에서 신적 위치를 점한 이것들이 아니고 무엇이겠는가?

우리가 아프로디테 동상 앞에 무릎 꿇지는 않을지 몰

라도, 오늘날 많은 젊은 여성이 외모와 몸매에 과도히 집착한 나머지 우울증과 각종 섭식장애에 시달린다. 실제로 아르테미스에게 향을 피우지 않아도 돈과 성공을 세상 최고의 가치로 떠받들면 우리도 자녀를 일종의 인신제물로 바치는 것이다. 직장에서 높은 자리로 올라가고 더 많은 재물과 위신을 얻고자 가정과 공동체마저 팽개친다.

뉴욕 주지사 엘리엇 스피처가 고급 매매춘 조직을 통해 불법 성매매를 한 사건으로 직위를 잃은 뒤, 데이비드 브룩스는 우리 문화가 배출해 온 한 인간군에 주목했다. 성취도는 높지만 "수직과 수평의 균형을 잃은" 부류다. 그들은 멘토나 상사와의 수직 관계에서는 처세술이 좋아 출세 가도를 달리지만 배우자나 친구, 가족과의 수평 관계에서는 진정한 결속을 이룰 줄 모른다.

"수많은 대통령 후보가 말로는 가족을 위해 출마한다지만 실제로는 선거 운동에 삶을 몽땅 쏟아붓느라 정작 가족은 안중에도 없다." 세월이 가면 "권력의 무상함과 외로움"을 뼈저리게 느끼지만 자녀, 배우자와는 이미 멀어진 경우가 많다.[4]

그래서 그들은 상처를 치유하려 한다. 공허한 내면

을 달래려고 외도에 빠지거나 다른 극단적 조치를 취한다. 그러다 결국 가정 파탄이나 스캔들, 때론 둘 다에 빠지고 만다. 그들은 성공의 신 앞에 모든 것을 제물로 바쳤지만 그것으론 어림없었다. 고대의 신은 피에 굶주려 있어 비위를 맞추기가 힘들었다. 그리고 그건 지금도 마찬가지다.

인간의 마음은 우상 공장

인터넷 열풍을 불러온 닷컴 붐이 일고 부동산과 주식에 엄청난 거품이 있던 그전 20년 동안에는 이런 말이 설득력을 얻기 힘들었을 것이다. 그러나 2008-2009년에 경기가 곤두박질치면서 소위 '탐심의 문화'가 그 속살을 드러냈다. 오래전에 사도 바울은 탐심이 나쁜 정도가 아니라 "우상숭배"(골 3:5)라고 꼬집었다. 즉 돈은 신의 속성을 가질 수 있다. 그래서 돈의 신적 힘을 경험하고 그것에 점차 마음을 뺏기면 자유는 사라지고 숭배와 복종 관계에 가까워진다.

돈은 영적 중독이 될 수 있다. 모든 중독처럼 피해자에게 자신의 진짜 덩치를 숨긴다. 아무리 갈망해도 만족은 자꾸만 줄어든다. 그래서 우리는 더 채우려고 더 크고 많은 모험도 불사하다가 결국 파탄에 이른다. 회복에 나설 때는 '내가 무슨 생각을 한 거지? 어떻게 그렇게 눈이 멀 수가 있었지?'라는 의문이 든다. 깨어날 때 우리는 숙취 때문에 전날 밤 일이 통 기억나지 않는 사람 같다.

왜 그랬을까? 그토록 이성에 어긋나게 행동한 이유가 무엇일까? 왜 우리는 옳은 길을 시야에서 완전히 놓친 것일까? 성경은 인간 마음이 '우상 공장'이라서 그렇다고 답한다.[5]

대체로 사람들은 '우상'(idols) 하면 눈에 보이는 신상을 떠올린다. 오디션 프로그램에서 심사 위원 사이먼 코웰의 극찬을 받은 신인 팝스타를 떠올릴 수도 있다. 물론 아직도 세상 곳곳에서 전통 우상숭배가 이루어지고 있긴 하지만, 마음속에서 이루어지는 내적 우상숭배는 모든 사람에게 두루 널리 퍼져 있다.

에스겔 14장 3절에서 하나님은 이스라엘 장로들을 가리켜 "이 사람들이 자기 우상을 마음에 들이며"라고 말씀하신다. 우리처럼 장로들도 그런 지적에 틀림없이 이렇게 반응했을 것이다. "우상이라니요? 무슨 우상? 저한테는 아무런 우상도 보이지 않는데." 여기서 하신 하나님 말씀은, 인간의 마음이 성공, 사랑, 재물의 소유, 가정 등 '좋은 것'을 궁극적인 것으로 탈바꿈시킨다는 뜻이다. 우리 마음은 그런 것을 신격화해 삶의 중심에 둔다. 그것만 얻으면 존재감과 든든함과 안전과 충족감을 누릴 수 있다고 생각하기 때문이다.[6]

《반지의 제왕》에서 핵심 소재는 악의 군주 사우론이 소유한 힘의 반지다. 아무리 선한 의도에서라도 이 반지를 끼려는 사람은 누구나 탐욕에 물들게 된다. 톨킨에 해박한 학자인 톰 쉬피 교수는 이 반지를 "심리적 증폭기"라 불렀다. 마음의 가장 절실한 갈망을 우상으로 확대시킨다는 뜻이다.[7]

그 책의 선한 등장인물 몇은 노예를 해방시키거나 백성의 영토를 지키거나 악인을 정의로 심판하려 한다. 다 좋은 목표다. 다만 그 반지를 끼면 물불 가리지 않고 무슨 수를 써서라도 목표를 이루려 한다. 반지가 좋은 것을 절대화해서 다른 모든 도의나 가치관을 전복시킨다.

이 반지를 끼는 사람은 점점 더 거기에 예속되고 중독된다. 그것 없으면 못 사는 게 바로 우상이기 때문이다.

꼭 손에 넣어야만 하기에 그것을 얻기 위해서라면 한때 존중하던 규정도 어기고 남들과 자신마저 해친다. 우상은 끔찍한 악을 낳는 영적 중독이다. 톨킨의 소설에서만이 아니라 현실 생활에서도 마찬가지다.

무엇이든 우상이 될 수 있다

모든 문화적 순간에는 기회도 딸려 온다. 지금 우리도 그런 순간을 만났다. 돈이 돈 그 이상이 될 수 있다는 성경의 경고를 이제 많은 이가 더 귀담아듣는다. 돈은 삶을 바꾸어 놓고 문화를 만들어 내는 강력한 신이 될 수 있다. 숭배자의 마음을 찢어 놓는 우상이다. 불행히도 우리는 탐심의 문제가 '저 부자들'에게만 있다고 보고 그 문제에만 집중한 나머지 가장 근본 진리를 깨닫지 못한다. 무엇이든 우상이 될 수 있으며 이미 우상이 되어 왔다.

세상에서 가장 유명한 도덕규범은 십계명이고 그중 제1계명은 이렇다. "나는 …… 네 하나님 여호와니라 너는 나 외에는 다른 신들을 네게 두지 말라"(출 20:2-3). 여기서 자연스럽게 따라오는 의문이 있다. "다른 신들"이란 무엇인가? 곧바로 답이 나온다. "너를 위하여 새긴 우상을 만들지 말고 또 위로 하늘에 있는 것이나 아래로 땅에 있는 것이나 땅 아래 물속에 있는 것의 어떤 형상도 만들지 말며 그것들에게 절하지 말며 그것들을 섬기지 말라"(4-5절).

세상 모든 것이 포함된다! 돈이나 섹스를 신으로 떠받들 수 있다는 건 누구나 안다. 하지만 삶의 무엇이든 우상 노릇을 할 수 있다. 모든 것이 하나님의 대용품, 즉 '가짜 신'(Counterfeit god)이 될 수 있다.

최근에 나는 어느 야전군 장교 이야기를 들었다. 그가 휘하 병사들에게 어찌나 무리하게 체력 단련과 군사 훈련을 시켰던지, 오히려 병사들은 사기가 꺾였고, 그 바람에 전투 중 통신이 두절되어 수많은 사상자를 냈다. 내가 아는 한 여성은 성장기에 가난했는데 성인이 되어 재정 안정에 집착한 나머지 좋은 사람을 여럿 놓치고 정작 사랑하지 않는 부유한 남자와 결혼했다. 그녀는 결국 얼마 못 가 이혼했고, 자신이 그토록 두려워하던 고생길에 들어섰다. 일부 메이저리그 야구 선수들은 선전(善戰)하는 정도에 만족하지 못하고 명예의 전당에 오를 수준으로 잘하려고 스테로이드와 기타 약물을 복용한다. 그 결과 그냥 능력껏

잘했을 때보다 몸은 더 축나고 평판도 나빠진다.

　　이들이 행복의 기초로 삼았던 것은 오히려 잿더미로 변했다. 기초를 엉뚱한 데 두었기 때문이다. 각 경우마다 좋은 것 중 하나가 최고의 것으로 둔갑해서 다른 모든 가치를 짓밟고 군림했다.[8] 하지만 가짜 신은 늘 실망을 안겨 주기 마련이며 그 과정이 파괴적일 때도 많다.

　　훈련된 부대나 재정 안정이나 뛰어난 운동 실력을 바라는 게 잘못인가? 그렇지 않다. 그러나 이 사례에서 우리는 사람들이 흔하게 착각하는 것을 볼 수 있다. 우리는 우상을 나쁜 것이라 생각하지만 그 자체가 나쁜 경우는 거의 없다. 더 좋은 것일수록 그것이 우리의 가장 깊은 욕구와 희망을 채우리라는 기대도 커진다. 무엇이든 가짜 신이 될 수 있으며, 특히 삶의 가장 좋은 것일수록 더 그렇다.

저것만 있으면 내 삶이 의미 있을 거야

　　우상이란 무엇인가? 무엇이든 당신에게 하나님보다 더 중요한 것이다. 무엇이든 하나님보다 더 크게 당신 마음과 생각을 차지하는 것이다. 하나님만이 주실 수 있는

것을 다른 데서 얻으려 한다면 그게 바로 우상이다.[9]

무엇이든 워낙 당신 삶의 중심이자 필수여서 그것 없이는 살아갈 가치를 별로 느끼지 못한다면 그게 바로 가짜 신이다. 우상은 마음을 지배하므로 당신은 더 생각할 것도 없이 열정과 에너지, 돈과 정서적 자원을 다분히 거기에 쏟을 수 있다. 가정과 자녀, 직업과 돈벌이, 성취와 평론가의 호평, 체면과 사회적 지위가 다 우상이 될 수 있다. 로맨틱한 이성 관계, 업계의 인정, 안전하고 평안한 환경, 외모나 두뇌, 정치나 대의명분, 도덕과 가치관, 심지어 기독교 사역에서 성공하는 것도 다 우상이 될 수 있다. 타인의 삶을 고치는 데 인생의 의미를 거는 것을 흔히 "상호의존"이라 부르지만 사실은 그것도 우상숭배다.

무엇이든 당신이 그것을 보며 마음 깊은 곳에서 이렇게 말한다면 그게 곧 우상이다. '저것만 있으면 내 삶이 의미 있어질 거야. 나도 가치 있는 사람이 될 거야. 내가 중요해지고, 안정감이 들 거야.' 이런 관계를 여러 가지로 표현할 수 있지만 가장 적합한 말은 '숭배'(worship)일 것이다.

옛 이교도들이 사실상 모든 것을 신으로 본 게 지나친 상상력을 발휘한 것만은 아니었다. 그들에게는 섹스의 신, 일의 신, 전쟁의 신, 돈의 신, 국가의 신이 있었다. 무엇이든 신이 되어 개인의 마음이나 대중의 삶을 신처럼 지배할 수 있다는 엄연한 사실 때문이었다. 예컨대 아름다운 몸은 좋은 것이지만 이를 '신격화'해서 가장 중요한 것으로 삼는다면 우리에게 남는 것은 단지 아름다움이 아니라 아프로디테다. 사람들과 문화 전체가 끊임없이 외모 때문에 고민하고, 거기에 시간과 돈을 지나치게 쏟아붓고, 어리석게 성품까지 외모에 기초해 평가하게 된다. 당신의 행복, 삶의 의미, 정체성에 하나님보다 더 영향을 끼친다면 무엇이든 우상이다.

성경에서 말하는 우상숭배는 지극히 복잡한 개념이라서 지적, 심리적, 사회적, 문화적, 영적 범주를 모두 아우른다. 우선 개인의 우상으로는 로맨틱한 사랑과 가정, 돈, 권력, 성취, 속한 분야의 인맥, 타인이 정서적으로 의존하기를 기대하는 것, 건강, 몸매, 매력적인 외모 등이 있다. 많은 사람이 하나님이 주실 수 있는 희망과 의미와 충족을 이런 데서 얻으려 한다.

문화적 우상은 군사력, 기술 발전, 경제 번영이다. 전통 사회의 우상에는 가정, 고된 노력, 의무, 도덕적 가치가 포함되는 반면, 서구 문화의 우상은 개인의 자유, 자아 발견, 개인적 풍요, 성취 등이다. 이 모든 좋은 것이 한 사회 내에서 규모와 세력을 과도히 불릴 수 있고, 실제로 그렇다. 그리하여 삶의 기초를 거기에 두기만 하면 우리에게 안전과 평화와 행복을 줄 것처럼 약속한다.

지적 우상도 있는데, 흔히 이를 '이데올로기'라 한다. 예컨대 19세기 말과 20세기 초의 유럽 지식층은 루소의 성선설을 철석같이 믿었다. 인간은 선하게 태어났는데, 우리 사회의 모든 문제는 교육과 사회화가 부실한 탓이라는 것이다. 그러나 이런 환상은 2차세계대전을 거치며 산산이 부서졌다. 영국 현대 복지제도의 입안자로 널리 알려진 비어트리스 웹은 이렇게 썼다.

> 1890년이었던가? 한때 나는 일기장에 "인간의 타고난 선(善)에 내 모든 것을 걸었다"라고 썼다. …… (35년이 지난 지금에야 깨닫지만) 인간 내면의 악한 충동과 본능은 영원하다. 아무리 (사회) 제도가 바뀌어도 부와 권력에 끌리는 마음의 변화는 요원하다. ……
> 악한 충동을 제어하지 않는 한

지식이나 과학이 아무리 쌓여도 소용없다.[10]

H. G. 웰스는 1920년 저서 Outline of History(세계문화사 대계)에서 인간의 진보에 대한 신념을 예찬했다. 그런데 1933년에 출간한 The Shape of Things to Come(닥쳐올 세계)을 보면, 유럽 국가들의 이기심과 폭력에 질겁한 그는 지식층이 통제권을 쥐고 의무교육을 통해 평화와 정의와 평등을 부르짖는 것만이 희망이라 믿었다. 그러다 1945년에는 A Mind at the End of Its Tether(지성의 한계)에 이렇게 썼다. "인간이 그리도 좋아하던 호모 사피엔스는 …… 이제 끝났다."

웰스와 웹은 왜 생각이 변했을까? 둘은 부분적 진리를 포괄적 진리로 떠받들며 모든 것을 그것으로 설명하고 발전시킬 수 있다고 믿었기 때문이다. 인간의 선에 "모든 것을 걸었다"라는 말은 곧 인간을 하나님 자리에 두었다는 뜻이다.

각 직업 분야에도 우상이 있다. 타협할 수 없는 절대 가치다. 사업 세계에서는 수익이 궁극적 가치이므로 자기표현은 억압된다. 그러나 예술계는 반대다. 오히려 구원의 이름으로 모든 것이 자기표현을 위해 희생된다. 인류에게 무엇보다도 그것이 필요하다는 식이다. 우상은 어디에나 있다.

마음속 우상이 삶 전체를 지배하다

사람들이 마음속 우상을 어떻게 대하는지를 성경은 세 가지 기본 은유로 기술한다. 그들은 우상을 사랑하고, 우상을 믿고, 우상에 순종한다.[11]

우선 성경에 우상이 결혼의 은유로 표현될 때가 있다. 우리의 참 배우자는 하나님이어야 하며 그분보다 다른 것을 더 갈망하고 즐거워하면 이는 영적 간음이다.[12] 예컨대 로맨스나 성공은 '거짓 연인'이 되어 우리에게 자신이 사랑받는 소중한 존재라는 느낌을 약속할 수 있다. 이런 우상은 우리 생각을 사로잡기 때문에 평소에 주로 공상하는 내용을 보면 이를 찾아낼 수 있다. 우리가 즐기는 상상은 무엇인가? 가장 절실한 꿈은 무엇인가? 우리는 그 우상에게서 사랑과 가치와 아름다움과 의미와 보람을 얻으려 한다.

성경은 우상을 종교적 은유로 표현할 때도 많다. 참

구주는 하나님이어야 하는데 우리는 개인적 성취나 경제적 번영에서 평화와 안전을 얻으려 한다.[13] 이런 우상은 우리 자신에게 통제권이 있다는 느낌을 주기 때문에 우리가 시달리는 악몽의 내용을 보면 이를 찾아낼 수 있다. 우리가 가장 두려워하는 것은 무엇인가? 삶의 가치를 느끼기 위해 결코 잃어서는 안 될 그것은 무엇인가? 우리는 이런 신들이 자신을 보호해 주리라 믿고 그 비위를 맞춰 환심을 사려고 '제사'를 지낸다. 거기서 자신감과 안전을 얻으려 한다.

성경에 우상은 정치적 은유로 표현되기도 한다. 우리의 유일한 주인이자 군주는 하나님이어야 한다. 그런데 인간은 무엇이든 자신이 사랑하고 믿는 대상 또한 섬기게 마련이다. 그게 무엇이든 타협할 수 없을 만큼 하나님보다 중요해지면 우리를 속박하는 우상이 된다.[14] 이 경우 우상은 우리의 가장 집요한 감정을 보면 찾아낼 수 있다. 우리를 주체할 수 없는 분노나 불안, 낙심에 빠뜨리는 것은 무엇인가? 떨칠 수 없는 죄책감으로 괴롭히는 것은 무엇인가? 이런 우상이 우리를 지배하는 이유는 우리가 그것 없이는 삶이 무의미하다고 느껴서다.

무엇이든 우리를 지배하는 것이 우리의 주인이다.
권력을 구하는 사람은 권력에 지배당하고, 사람에게
받아들여지기 원하는 사람은 좋아하는 사람에게
지배당한다. 우리는 스스로를 지배하는 게 아니라
자기 삶의 주인에게 지배당한다.[15]

흔히 말하는 '심리적 문제'도 사실은 순전히 우상숭배 문제다. 완벽주의, 일중독, 만성적 우유부단, 남의 삶을 통제하려는 욕구 등은 모두 좋은 것을 우상으로 둔갑시킨 결과다. 그 비위를 맞추려고 하면 결국 지쳐 떨어질 수밖에 없다. 이처럼 우상은 우리 삶을 지배한다.

돌이키라, 바로 지금

앞서 봤듯이 슬픔과 절망은 크게 다르다. 절망은 감당할 수 없는 슬픔이다. 그리고 대부분 둘의 차이는 우상숭배다. 한국의 어느 기업가는 3억 7천만 달러의 투자금이 거의 다 날아가자 스스로 목숨을 끊었다. 그의 아내는 경찰에게 "종합주가지수가 1,000 이하로 떨어지자 남편이

먹지도 않고 매일 술만 퍼 마시다 결국 자살했다"라고 진술했다.[16]

2008-2009년에 큰 재정 위기가 한창일 때 나는 '빌'이라는 사람의 회고를 들었다.[17] 그때로부터 3년 전에 그리스도인이 된 빌은 '통장 잔고를 보며 안심하던 삶'에서 돌이켜 '그리스도로 말미암아 하나님의 자녀가 됨으로써 평안을 누리는 삶'으로 인생의 방향을 바꿨다. "이번 경제 위기가 3년 전에 발생했다면 제가 어떻게 당해 냈을지 모르겠습니다. 아예 버티지 못했을지도 몰라요. 솔직히 고백하는데, 제 삶은 지금보다 행복했던 적이 없습니다."

우리가 살고 있는 세상이 비종교적인 것 같아도, 우리 마음은 사실 이 시대의 화려한 각종 우상이 지배하고 있다. 세계 경제가 휘청거리면서 오랜 세월 우리가 숭배해 온 많은 우상이 사방에서 무너지는 소리가 들린다.

이것은 아주 좋은 기회이기도 하다. 지금 우리는 잠시나마 '환상에서 깨어나는' 중이다. 옛날이야기에서 악한 주술사가 걸어 둔 주문이 깨지면서 거기서 벗어날 기회가 오는 것처럼. 희망의 근거로 삼았던 계획이나 일이나 사람이 (생각대로) 약속을 지키지 않을 때 우리 개개인에게 이런 시점이 찾아온다. 사회 전체에 이런 기회가 오는 경우는 극히 드물다.

절망에서 헤어나 전진하려면 우리 마음과 문화에 자리한 우상을 분별해야 한다. 하지만 그것만으로는 부족하다. 가짜 신들의 악영향에서 해방되는 길은 참 하나님께로 돌이키는 것뿐이다. 살아 계신 하나님은 시내 산과 십자가에서 자신을 계시하셨다. 그분을 만나면 진정으로 당신을 채워 주신다. 당신이 실망시켜도 참으로 용서해 주신다. 능히 그러실 수 있는 분은 주님뿐이다.

Counterfeit
Gods

1

내가 만든 신 —— 평생 소원

오래 간절히 바랄수록
우상이 되기 쉽다

대부분의 사람은 평생을 바쳐 마음의 가장 절실한 꿈을 이루려 한다. 이런 '행복 추구'가 곧 우리네 인생이 아니던가? 우리는 갈망하는 바를 얻을 길을 끝없이 찾는다. 이를 얻기 위해서라면 웬만한 것은 희생할 각오가 되어 있다. 마음의 가장 깊은 소원을 이루는 것이 곧 자신에게 벌어질 수 있는 최악의 일일 수도 있음은 생각지도 못한다.

우리 부부가 전부터 알고 지내던 독신 여성 애나는 자녀를 간절히 바랐다. 결국 애나는 늦은 나이에 결혼해 의료진의 예상을 뒤엎고 건강한 두 아이를 낳았다. 하지만 꿈을 이루지는 못했다. 자녀에게 완벽한 삶을 주려는 의욕이 지나쳐 그녀는 행복을 제대로 누릴 수 없었다.

두려움과 불안에서 나온 과보호와 자녀의 삶을 시시콜콜 다 통제하려는 욕구가 그녀의 가정을 불행으로 몰아넣었다. 애나의 큰아이는 학교생활에 적응하지 못하며 심각한 정서 문제를 보였고, 둘째아이는 분노로 들끓었다. 자녀에게 놀라운 삶을 주려는 그녀의 욕심은 오히려 자녀를 망칠 소지가 다분하다. 마음의 가장 깊은 소원을 이루는 것이 독이 될 수도 있다.

1980년대 말에 신시아 하이멜은 "사람은 명성을 얻는 순간 괴물로 변한다"라고 쓴 뒤 아주 유명한 할리우드 스타 세 사람의 이름을 댔다. 유명해지기 전부터 그녀가 알던 이들이었다. "그들은 한때 더없이 유쾌한 인물이었으나 …… 지금은 신적인 존재가 되어 지독한 분노를 뿜어내곤 한다." 사람이 명성과 인기에 파묻히면 모든 성격 결함과 못난 부분이 전보다 두 배는 더 나빠진다.[1]

그녀가 언급한 그 1980년대 스타들이 누구인지 궁금할 테지만 굳이 몰라도 상관없다. 똑같은 전철을 밟는 '유명한 이름'이 신문 1면을 번번이 장식하기는 지금도 마찬가지니 말이다. 이름만 바뀔 뿐 그 틀은 늘 똑같다.

내 마음이 절실하게 바라는 것

왜 마음의 가장 깊은 소원을 이루는 게 오히려 재앙이

될까? 로마서에 사도 바울은 하나님이 누군가에게 행하실 수 있는 최악의 일 중 하나가 '그들을 마음의 정욕(갈망)대로 내버려 두시는 것'이라 썼다(롬 1:24 참조). 가장 절실한 꿈을 이루도록 허용하시는 게 왜 상상 가능한 최고의 형벌일까? 우리 마음이 그 갈망을 우상으로 삼았기 때문이다.

같은 장에서 바울은 인류 역사를 이렇게 한 문장으로 요약했다. "그들이 …… 피조물을 조물주보다 더 경배하고 섬김이라"(25절). 모든 인간은 무엇인가를 위해 살아야 한다. 그 무엇인가가 우리 생각을, 우리 마음의 가장 근본적인 충성심과 희망을 사로잡아야 한다. 그런데 성경에 따르면, 그 대상은 성령의 개입 없이는 결코 하나님이 될 수 없다.

하나님만이 주실 수 있는 의미와 희망과 행복을 피조물에게 바란다면 결국 피조물은 그 역할을 하지 못하고 우리 마음을 비탄에 빠뜨린다. 자녀의 삶을 망치던 애나는 '자녀를 너무 많이' 사랑한 게 아니라 자녀와의 관계에서 '하나님을 너무 적게' 사랑했다. 그 결과 그녀의 신인 두 자녀는 엄마의 과중한 기대에 짓눌리고 말았다.

"성경의 …… 핵심 원리는 우상숭배를 배격하는 것이

다."[2] 성경을 속속들이 아는 두 유대인 학자가 내린 결론이다. 그래서 성경에는 우상숭배의 무수한 형태와 참담한 결과를 보여 주는 이야기가 수두룩하다. 우리 마음이 선택하는 가짜 신에는 사랑, 돈, 성취(성공), 권력이 있다. 그리고 성경에는 그에 상응하는 생생한 내러티브가 나온다. 그것을 보면 특정한 우상을 숭배하는 일이 우리 삶 속에서 어떻게 전개되는지 알 수 있다.

아브라함은 성경의 중심인물이다. 고대의 웬만한 남자처럼 그도 가문을 이을 아들을 간절히 원했다. 다만 아브라함에게는 그것이 마음의 가장 깊은 소원이 되었다. 그런데 마침내 그에게도 아들이 태어났다. 평생의 소원을 이룬 것이다. 그런데 바로 그때 하나님은 아브라함에게 다 내놓을 것을 요구하신다.

왜 희생하고 왜 기다렸나

성경에 보면 하나님은 아브라함에게 오셔서 엄청난 약속을 하셨다. 아브라함이 하나님께 충실히 순종하면 그와 그의 후손을 통해 이 땅의 모든 나라에 복을 주겠다고 하셨다. 하지만 그러려면 아브라함이 가야 했다.

> 너는 너의 고향과 친척과 아버지의 집을 떠나
> 내가 네게 보여 줄 땅으로 가라(창 12:1).

하나님은 그를 불러 익숙한 모든 것, 친구, 가족의 대부분, 여태 안전과 형통과 평안이라 믿었던 모든 것을 떠나 종착지를 알 수 없는 광야로 가게 하셨다. 인간의 마음이 갈망하는 거의 모든 것과 현세적 희망을 하나님을 위해 버리라는 것이었다.

아브라함은 그대로 했다. "가라"라는 부르심을 받았을 때 "갈 바를 알지 못하고"(히 11:8) 갔다. 하지만 하나님의 부르심은 그에게 다른 희망을 다 버릴 것을 요구하면서 새로운 희망도 주었다. 지상 모든 나라가 그의 집안 곧 "네 자손"(창 12:7)을 통해 복을 받으리라는 예언이었다. 그러려면 우선 자녀가 있어야 하는데 아브라함의 아내 사라는 임신하지 못했다. 생물학적으로는 출산이 불가능했다. 그런데 하나님은 아브라함에게 아들을 약속하셨다.

그러나 수십 년이 지나면서 하나님의 약속을 믿기

가 점점 더 어려워졌다. 결국 아브라함이 백 세가 넘어서야 사라는 아흔이 넘은 나이로 아들 이삭을 낳았다(창 17:17; 21:5 참조). 하나님이 명백하게 개입하신 것이었다. 그래서 이삭의 이름 뜻은 '웃음'이다. 부모의 기쁨을 가리키는 말이자 약속을 이루실 하나님을 그들이 잘 믿지 못했던 일을 떠올리게도 한다.

불임으로 고생하는 부부라면 누구나 공감하겠지만, 괴로운 기다림의 세월에는 큰 대가가 따랐다. 물론 계속 기다린 덕분에 아브라함의 믿음이 연단되었다. 이는 굉장히 중요한 부분이다. 하지만 불임의 세월에는 다른 파장도 있었다. 아브라함보다 더 아들을 고대한 사람은 일찍이 없었다. 아브라함은 모든 것을 버리고 아들만 기다렸고, 아들만 태어나면 주변 모두가 결국 알아주리라 생각했다. 하나님 말씀을 믿고 모든 것을 버린 자신이 바보가 아니었음을 말이다.

드디어 그에게도 자신을 닮은 아들 상속자가 생길 텐데 이는 고대 중동의 가부장이라면 누구나 원하던 바였다. 그래서 아브라함은 희생하며 기다렸고, 마침내 아내는 아기를 낳았으며, 아들이었다!

이제 문제는 이것이었다. 그의 희생과 기다림은 하나님을 위한 것인가, 아니면 아들을 바라서인가? 하나님은 목적을 이루는 수단에 불과했는가? 아브라함이 궁극적으로 마음을 바친 대상은 누구인가? 그가 얻은 평안과 겸손과 당당함과 불굴의 안정은 환경이나 여론이나 자신의 능력을 믿지 않고 하나님을 신뢰한 결과였는가? 그는 하나님만을 신뢰하는 법을 배웠는가? 하나님을 사랑하되 그분께 얻어 낼 것 때문에가 아니라 그분 자체를 사랑했는가? 아니, 아직은 아니었다.

네 아들, 네 사랑하는 독자

자녀를 간절히 바라던 우리 친구 애나는 마침내 임신하자 자신이 '평생 행복하게' 살 줄로 알았다. 하지만 안타깝게도 그러지 못했다. 그런 경우는 드물다. 자녀를 바라는 많은 부부는 자식만 낳으면 모든 문제가 해결될 거라고 믿지만 결코 그렇지 않다.

창세기 12-21장을 읽을 때도 이삭의 출생이 아브라함 인생의 절정이자 마지막 장이라 생각할 수 있다. 그는 이미 믿음으로 승리했다. 조국을 떠나 아들의 출생을 기다리라 명하신 하나님께 충실했으니 이제 행복하게 죽을 일만 남았다. 그런데 뜻밖에도 하나님이 그를 다시 부르신다. 내용도 이보다 더 충격일 수 없다.

> 네 아들 네 사랑하는 독자 이삭을 데리고
> 모리아 땅으로 가서 내가 네게 일러 준 한 산
> 거기서 그를 번제로 드리라(창 22:2).

이는 아주 결정적인 시험이었다. 이제 이삭은 아브라함의 전부였다. 하나님도 그 점을 분명히 하셨다. 하나님은 그 아들을 그냥 "이삭"이 아니라 "네 아들 네 사랑하는 독자"라 부르셨다. 아브라함의 애정은 숭배로 변했다. 그전까지는 삶의 의미가 하나님 말씀에 달려 있었지만, 이제 이삭을 사랑하고 이삭을 잘되게 하는 쪽으로 방향을 틀었다. 삶의 무게중심이 이동하고 있었다.

하나님은 아들을 사랑해서는 안 된다고 말씀하신 게 아니라 사랑의 대상을 가짜 신으로 둔갑시켜서는 안 된다는 것이었다. 누구든지 자녀를 참 하나님의 자리에 두면 거기서 우상숭배 같은 사랑이 싹튼다. 그 사랑은 자녀를 숨 막히게 하고 관계의 목을 조른다.

하나님 뜻이라니 잔혹해도 별 수 없다?

옛날이나 지금이나 많은 독자가 당연히 이 이야기에 반감을 느꼈다. 그들은 이 이야기의 '교훈'을, 하나님 뜻이라는 믿음만 있으면 잔인하고 난폭한 행위도 괜찮다는 뜻으로 해석했다. 이것을 누구보다도 생생하게 말한 사람은 쇠렌 키르케고르였다. 아브라함과 이삭의 이야기에 기초한 저서 《공포와 전율》(*Fear and Trembling*, 치우 역간)에 그는 신앙이란 비합리적이고 부조리한 것이라 결론지었다. 아브라함이 보기에 이 명령은 사리에 맞지 않았을 뿐 아니라 여태껏 하나님이 하신 모든 말씀에 어긋났다. 그런데도 그는 명령에 순종했다.

이 명령이 과연 아브라함에게 전적으로 비합리적이었을까? 키르케고르는 이 이야기를 해석할 때 유대인의 사고와 상징체계에서 장남이 어떤 의미인지를 감안하지 않았다.

하버드대 교수인 유대인 학자 존 레벤슨이 저서 *The Death and Resurrection of the Beloved Son*(사랑하는 아들의 죽음과 부활)에서 지적했듯이 고대 문화는 우리 문화처럼 개인주의적이지 않았다. 사람들의 희망과 꿈은 결코 각자의 성공이나 형통이나 명예를 위한 게 아니었다. 모두가 집안의 일원이요 아무도 가족을 떠나 살지 않았으므로 성공도 가문 전체를 위해서만 추구했다. 또 하나 기억해야 할 것은 고대의 장자상속법이다. 사회에서 가문의 위상을 잃지 않도록 토지와 재산은 대부분 장남의 몫이었다.[3]

개인주의 문화에서 성인의 정체성과 가치는 대개 실력과 실적에 달려 있다. 그러나 옛날에는 개인과 가문의 모든 희망과 꿈이 장남에게 걸려 있었다.[4] 장남을 포기하라는 요구는 외과의사와 시각 예술인에게 각각 손과 눈을 쓰지 말라고 하는 것과 같았다.

레벤슨의 말처럼, 아브라함에게 주신 하나님의 명령은 이런 문화 배경에 비추어서만 이해될 수 있다. 성경에 거듭 나와 있듯이 이스라엘의 죄성 때문에 백성은 장자를 하나님께 바쳐야 했다. 다만 정규 제사(출 22:29; 34:20 참조)나 레위인의 성막 봉사(민 3:40-41 참조)나 성막과 제사장에게 내는 속전(46-48절 참조)으로 속량될 수 있었다.

하나님은 이스라엘 백성을 노예로 부리던 애굽(이집트)을 심판하실 때 최후 형벌로 장자의 생명을 취하셨다. 각 집안과 온 나라의 죄 때문에 애굽의 장자들이 목숨을 잃었다. 왜 그랬을까? 장남이 곧 집안이었기 때문이다. 따라서 하나님이 이스라엘 백성에게 이르시기를 장자의 목숨이 속량되지 않는 한 그분의 소유라 하신 것은, 곧 그 당시 문화의 가장 생생한 방식으로 말씀하신 것이다. 이 땅의 모든 집안은 영원한 정의를 빚지고 있었다. 바로 죄의 빚.

이 모두는 아브라함에게 내리신 하나님의 지시를 해석하는 데 매우 중요하다. 만일 아브라함에게 "일어나 네 아내를 죽이라"라는 말이 하나님 음성처럼 들려왔다면 그는 아마 실행하지 않았을 것이다. 당연히 자기가 환청을 들었다고 생각했을 것이다. 그분이 여태껏 정의와 의에 대해 하신 모든 말씀에 명백히 어긋나는 일을 그에게 시키실 리가 없었기 때문이다.

그러나 외아들의 생명을 취하시겠다는 하나님의 말씀은 아브라함에게 비합리적 모순이 아니었다. 보다시피 하나님은 그에게 이삭의 천막에 들어가 아들을 그냥 죽이라고 하신 게 아니라 아들을 번제로 바치라고 하셨다. 아브라함의 빚을 회수하신 것이다. 집안의 죄 때문에 아들이 죽어야 했다.

아브라함은 하나님을 알았다

이해할 만한 명령이었다고 해서 조금이라도 덜 끔찍해진 것은 아니다. 아브라함은 결정적인 의문에 마주 섰다. '하나님은 거룩하시다. 그래서 우리 죄 때문에 이삭이 목숨을 잃어야 한다. 하지만 하나님은 은혜의 하나님이시다. 이삭을 통해 세상에 복을 주겠다고 말씀하셨다. 거룩하고 의로우신 하나님이 어떻게 동시에 구원의 약속을 은혜로 이루실 수 있을까?'

아브라함은 답을 몰랐다. 하지만 그래도 갔다. 그의 행동은 구약의 다른 인물인 욥과 맥을 같이한다. 욥은 영문도 모른 채 무수한 고난을 당했지만 이렇게 고백했다. "내가 가는 길을 그가 아시나니 그가 나를 단련하신 후에는 내가 순금같이 되어 나오리라"(욥 23:10).[5]

아브라함은 대체 어떻게 하나님의 부르심에 순종해서 산으로 걸음을 옮겼을까? 이 명작 히브리 내러티브에 희미한 암시가 나와 있다. 아브라함은 종들에게 "**우리가** 너희에게로 돌아오리라"(창 22:5)라고 말했다. 하나님이 어떻게 하실지 그가 구체적으로 알았을 것 같지는 않다. 하지만 산에 올라갈 때 아브라함은 의지력과 자기암시에 충만해서 "내가 할 수 있다"라고 말하지 않았다.

그는 "하나님이 하실 것이다. …… 그 방법을 내가 모를 뿐이다"라고 말하며 올라갔다. 그분이 무엇을 하신단 말인가? 하나님은 장자에게 전가된 빚을 어떻게든 제하시고 은혜의 약속을 지키실 것이었다.

아브라함은 그저 '맹신'한 게 아니다. "이건 미친 짓이고 살인이지만 그래도 나는 하겠다"라고 말한 게 아니다. 대신 "나는 하나님이 거룩하시고 은혜로우신 분임을 안다. 어떻게 하실지는 모르지만 분명히 이번에도 하나님이 그런 분임을 보이실 것이다"라고 말했다.

자신이 거룩하신 하나님께 빚진 자임을 믿지 않았다면 그는 너무 화가 나서 가지 못했을 것이다. 반대로 은혜의 하나님을 믿지 않았다면 그는 너무 아찔하고 낙망해서

가지 못했을 것이다. 그냥 드러누워 시름시름 앓았을 것이다. 그가 산으로 한 발짝씩 걸음을 옮길 수 있었던 것은 오직 하나님이 거룩하고 사랑 많으신 분임을 알았기 때문이다.

제사를 지낼 곳이 마침내 아브라함과 그 아들의 시야에 들어왔다.

> 하나님이 그에게 일러 주신 곳에 이른지라
> 이에 아브라함이 그곳에 제단을 쌓고 나무를 벌여 놓고
> 그의 아들 이삭을 결박하여 제단 나무 위에 놓고
> 손을 내밀어 칼을 잡고 그 아들을 잡으려 하니(창 22:9-10).

그 순간 하늘에서 하나님 음성이 들려왔다.
"아브라함아, 아브라함아."
"내가 여기 있나이다."
위기에 처한 아브라함이 대답했다.
"그 아이에게 네 손을 대지 말라 …… 네가 네 아들 네 독자까지도 내게 아끼지 아니하였으니 내가 이제야 네가 하나님을 경외하는 줄을 아노라"(12절). 그때 뿔이 수풀

에 걸린 숫양이 아브라함의 눈에 띄었다. 그는 이삭을 풀어 주고 아들 대신 그 양으로 번제를 드렸다.

올바른 사랑법을 배우다

이 사건의 요지는 무엇일까? 두 가지다. 하나는 아브라함도 아주 잘 알았을 테지만 다른 하나는 그가 잘 몰랐을 수도 있다.

아브라함은 이것이 하나님을 최고로 사랑하는지에 대한 시험임을 알았다. 마지막에 주님은 그에게 "내가 이제야 네가 하나님을 경외하는 줄을 아노라"라고 말씀하셨다. 성경에서 '경외'란 하나님을 '무서워한다'라는 뜻이라기보다 그분께 전심으로 헌신한다는 뜻이다. 시편 130편 4절에 보면 하나님의 은혜와 용서를 경험할수록 우리는 더 "주를 경외하게" 된다. 위대하신 하나님 앞에 사랑과 기쁨으로 외경과 경이에 젖는다는 뜻이다. 주님은 "내가 이제야 네가 세상 무엇보다도 나를 더 사랑하는 줄을 아노라"라고 말씀하신다. 그것이 '하나님을 경외한다'는 뜻이다.

아브라함이 하나님을 사랑하는지 그분이 알아보려 하셨다는 뜻은 아니다. 전지하신 하나님은 모든 사람의 마음 상태를 이미 아신다. 그보다 하나님은 그를 용광로에 넣으셨다. 하나님을 향한 아브라함의 사랑이 결국 '순금같이 되어 나오게' 하기 위해서였다. 그분이 왜 이삭을 수단으로 삼으셨는지는 어렵지 않게 알 수 있다. 하나님이 개입하지 않으셨다면 아브라함은 틀림없이 세상 무엇보다도 아들을 더 사랑했을 것이다. 이미 그렇게 되어 있었는지도 모른다. 이는 우상숭배이며, 모든 우상숭배는 해를 자초한다.

이런 관점에서 보면 하나님이 아브라함을 거칠게 다루신 것은 오히려 자비였다. 이삭은 아브라함에게 놀라운 선물이었지만 하나님을 첫자리에 모실 의향이 없다면 이삭과 함께하는 것은 안전하지 않았다. '하나님께 순종하는 것'과 '아들' 중에서 하나를 택해야만 하는 일이 없는 한 그는 자신의 사랑이 우상숭배로 변하고 있음을 알 길이 없었다.

마찬가지로 우리도 직장에서 진실을 말하거나 정직하게 행동함으로써 승진에 치명타를 입을 상황에 부딪치지 않는 한 직장이 자신에게 얼마나 우상으로 변했는지 알 수 없을 것이다. 하나님 뜻을 행하기 위해 손해를 감수할 의향이 없다면 직장이 우리의 가짜 신이 될 것이다.

이번 장 앞머리에 소개했던 애나는 어떻게 하면 그녀의 '이삭'을 그분께 드릴 수 있을까? 상담자들은 그녀에게 자녀의 적성에 맞지 않는 온갖 활동과 학습을 강요하지 말라고 권할 것이다. 애나는 성적이 나쁘다고 자녀를 정서적으로 벌하던 것도 그만두어야 한다. 자녀에게 실패할 수 있는 여지를 허용해야 한다. 그리고 반드시 짚고 넘어가야 할 근본적인 문제가 있다.

애나는 진심으로 이렇게 말할 수 있어야 한다. '우리 애들이 완벽하게 성공해서 행복해지기를 바라는 내 마음은 이기적이야. 그 핵심은 내 가치와 중요성을 느끼려는 욕망에 있어. 하나님 사랑을 정말 안다면 나는 애들을 부족한 모습 그대로 수용할 수 있고 닦달하지 않을 거야. 애들보다 하나님의 사랑이 내게 더 큰 의미가 있다면 애들을 향한 내 사랑도 덜 이기적이고, 더 진실해질 거야.'

애나도 자신의 '이삭'을 제단에 올려놓고 삶의 구심점을 하나님께 내드려야 한다. 자녀를 과잉 통제함으로써 애나는 자기 삶뿐 아니라 자녀의 삶에도 하나님의 하나님 되심을 막았다. 자녀의 삶을 향한 하나님의 계획이 자신의 계획보다 더 지혜롭다는 것을 상상조차 하지 못했다. 애나는 실패나 실망이 없는 완벽한 삶을 계획해 두었다. 하지만 하나님이 우리를 위해 계획하시는 필연적으로 굴곡 있는 삶보다 그녀의 완벽한 계획이 오히려 더 흠투성이였다.

고생 없이 산 사람들은 다른 사람이 무엇으로 힘들어하는지 잘 이해하지 못하고, 자기 결점과 한계를 잘 모르며, 고난을 견뎌 내지 못하고, 핑크빛 꿈을 꾸며 현실과 동떨어진 삶을 산다. 신약 히브리서에 나와 있듯이 하나님이 사랑하시는 사람은 누구나 고난을 겪는다(히 12:1-8 참조).

하나님의 영광과 사랑보다 자녀의 성공과 사랑이 애나의 자아상에 더 중요해졌다. 머리로는 하나님을 믿지만 마음의 가장 깊은 만족은 자녀에게서 이런 말을 듣는 데 있었다. "엄마, 제가 이렇게 잘된 것은 다 엄마 덕분이에요!" 그러나 비참하게도 그녀는 가장 듣고 싶은 그 말을 결코 듣지 못할 수도 있다. 자녀에게 인정받으려는 과도한 욕구가 오히려 심히 사랑하는 자녀를 밀어냈기 때문이다.

애나는 기꺼이 하나님을 첫자리에 모시고, 자녀를 그

분께 의탁하면서 실패를 허용하고, 그분의 사랑과 뜻 안에서 평안을 찾아야 한다. 그녀도 아브라함을 따라 그 산을 올라야 한다.

아브라함은 그 여정을 마친 후에야 이삭을 지혜롭게 잘 사랑할 수 있었다. 이삭이 삶의 주된 희망과 기쁨이 되었다면 이 백발이 성성한 아버지는 그를 과도히 훈육하거나(아들이 "완벽해야" 하므로) 너무 훈육하지 않거나(아들이 고생하는 것을 차마 볼 수 없으므로) 양쪽 다였을 것이다. 아들을 응석받이로 기르면서도 아들이 실망시킬 때면 지나치게 화내고, 매정하며, 심지어 폭력까지 휘둘렀을지 모른다.

왜? 우상은 우리를 속박하기 때문이다. 그래서 이삭의 사랑과 성공이 아브라함의 유일한 자랑이요 기쁨이 되었을 것이다. 행여 이삭이 그에게 사랑과 순종을 보이지 않으면 그는 지나친 분노와 불안과 우울에 빠졌을 것이다. 신의 역할이라는 막중한 무게를 감당할 수 있는 자녀는 아무도 없으므로 이삭도 분명히 아버지의 성에 차지 않았을 것이다. 아브라함의 기대치가 너무 높아 이삭은 아버지의 그늘을 피해 떠나거나 심령이 뒤틀리고 망가졌을 것이다.

요컨대 산을 오르던 아브라함의 괴로운 걸음은 긴 여

정의 최종 단계였다. 그 여정을 통해 하나님은 평범한 인간을 역사상 가장 위대한 인물 중 하나로 변화시키셨다. 그는 이제 믿음의 조상이라고 불린다. 하나님이 그의 마음 속 우상을 다루지 않으셨다면 이런 일은 없었을 것이다.

아들을 내주신 아버지 하나님

이 유명한 사건에는 아브라함이 몰랐거나 적어도 그 당시에는 잘 보이지 않았던 요지도 있다. 이삭은 왜 제물로 드려지지 않았는가? 아브라함 가족의 죄는 그대로인데 거룩하신 정의의 하나님이 어떻게 그것을 간과하실 수 있는가? 그야 숫양이 대속물로 드려졌기 때문이다. 하지만 장자의 빚을 제해 준 것은 정말 숫양의 피인가? 그렇지 않다.

먼 훗날 똑같은 산에서[6] 또 다른 장자가 나무 위에 달려 두 팔을 벌리고 죽었다. 그러나 하나님이 사랑하시는 그 아들이 갈보리 산에서 "나의 하나님, 나의 하나님, 어찌하여 나를 버리셨나이까"라고 외치셨을 때는 하늘에서 구조를 알리는 아무 소리도 없었다. 오히려 성부 하나님은 침묵 속에 그 값을 치르셨다. 왜 그러셨을까? 아브라함의 아들 이삭의 참된 대속물은 하나님의 외아들 예수님이었다.

그분이 대신 죽어 우리의 형벌을 당하셨다. "그리스도께서도 단번에 죄를 위하여 죽으사 의인으로서 불의한 자를 대신하셨으니 이는 우리를 하나님 앞으로 인도하려 하심이라"(벧전 3:18). 바울도 이삭 이야기의 참 의미를 깨닫고 일부러 그 어법을 예수님께 적용했다. "자기 아들을 아끼지 아니하시고 우리 모든 사람을 위하여 내주신 이가 어찌 그 아들과 함께 모든 것을 우리에게 주시지 아니하겠느냐"(롬 8:32).

여기에 우리가 우상숭배에서 돌이킬 수 있는 실제적 해답이 있다. 보유하는 게 영적으로 안전하지 못한 우리 삶의 '이삭'을 제물로 바쳐야 한다. 거기에 악착같이 매달려 노예가 되지 않을 방도를 찾아야 한다. 위대하신 하나님을 추상적으로 되뇌고만 있어서는 결코 그리될 수 없다. 하나님이 우리를 지극히 사랑하시고 아끼시고 기뻐하심을 알고 확신해야 한다. 그 사랑 덕분에 우리 마음은 그분 안에서 안식과 의미와 안전을 얻고, 삶에 무슨 일이 닥치든 감당해 낼 수 있다.

그 사랑을 어떻게 확신할 수 있는가? 하나님은 아브라함의 제물을 보시고 "네가 네 독자까지도 내게 아끼지 아니하였으니 내가 이제야 네가 나를 사랑하는 줄을 아노라"라고 말씀하셨다. 그렇다면 우리는 얼마나 더 십자가 위 그분의 제물을 보며 "사랑하시는 독자까지도 제게 아끼지 아니하셨으니 저를 사랑하시는 줄을 아나이다"라고 아뢸 수 있겠는가. 그분이 하신 일의 엄청난 규모를 조금씩 깨달을 때 비로소 우리 마음은 다른 어떤 것도 아닌 그분 안에서만 안식을 얻는다.

이 이야기의 의미는 예수님으로만 완성된다. 하나님이 '의로우신'(우리 죄의 빚을 갚도록 요구하시는) 분이면서 동시에 '의롭다 하시는'(구원과 은혜를 베푸시는) 분이 되실 수 있는 건(롬 3:26 참조), 먼 훗날 다른 아버지께서 다른 '산' 갈보리로 그분의 장자와 함께 올라가 우리 모두를 위한 제물로 그 아들을 내주셨기 때문이다.

당신의 노력으로는 결코 아브라함처럼 위대하고 용감할 수 없으며 하나님 안에 안전해질 수 없다. 이 사건의 실체이신 구주 예수님을 믿어야만 그리될 수 있다. 오직 예수님이 우리를 위해 사시고 죽으셨기 때문에 당신의 하나님도 무한한 사랑이시면서 동시에 거룩하신 분일 수 있다. 그래서 당신을 향한 그분의 사랑을 절대 확신할 수 있다.

예수만으로 충분한 인생

우리에게 닥쳐오는 많은 실망과 고민거리를 생각해 보라. 자세히 보면 알겠지만 그중 가장 괴로운 것은 각자의 '이삭'과 관계있다. 우리 삶 속에는 하나님만이 주실 수 있는 만족과 기쁨을 웬만큼 얻어 보려고 투자하는 대상이 늘 있게 마련이다. 삶이 가장 고통스러울 때는 자신의 우상이 위협받거나 제거될 때다. 그럴 때 우리는 둘 중 하나로 반응할 수 있다.

우선 원한과 절망을 택할 수 있다. 그러면 감정의 흙탕물 속에 뒹굴며 뻔뻔하게 이런 생각에 빠져든다. '평생 노력해서 이 자리까지 올라왔는데 이제 다 날아가 버렸어!' '딸을 위해 평생 뼈 빠지게 일했는데 감히 나를 이 따위로 대해!' 조금이라도 위안을 얻기 위해 제멋대로 거짓말하거나 속이거나 복수하거나 소신을 저버려도 될 것만

같다. 그러다 영영 낙심 속에 살아갈 수도 있다.

또는 당신도 아브라함처럼 그 산을 오르며 이렇게 고백할 수 있다. '주님, 그것 없이는 못 살 것 같았는데 이제 주께서 저를 그것 없는 삶으로 부르시는 것 같습니다. 하지만 주님만 계시다면 제게 정말 필요한 부와 건강과 사랑과 명예와 안전은 다 있는 것이며 결코 잃을 수도 없습니다.' 많은 사람이 배운 바를 가르쳐 주듯이, 예수님만으로 충분함을 알려면 우선 예수님밖에 남은 게 없어야 한다.

일단 내가 만든 가짜 신을 하나님 아래로 '강등시키고' 나면 그중 다수나 어쩌면 대부분이 우리 삶 속에 계속 남아 있어도 괜찮다. 이제 그것이 우리를 지배하거나 불안과 교만과 분노와 충동으로 괴롭히지 못한다. 하지만 그렇다고 해서 이 이야기의 의미를 착각해 우상을 버릴 의향만 있으면 된다고 생각해서는 안 된다.

만일 아브라함이 산을 오르면서 '이삭을 정말 내놓지는 않고 제단에 올려놓기만 하면 되겠지'라고 생각했다면 그는 시험에서 낙방했을 것이다! 뭔가가 우리 삶 속에 남아 있어도 안전하려면 그것이 더는 우상이 아니어야만 한다. 그러려면 정말 그것 없이 살 마음이 있어야 하고 '하나님이 계시기에 나는 너 없이도 살 수 있다'라고 진심으로 고백해야 한다.

하나님이 사실은 우리를 구원하시는 중인데 오히려 죽이시는 것처럼 보일 때가 있다. 아브라함의 경우에도 하나님은 그를 위대한 사람으로 빚으시는 중이었지만 겉으로는 매정해 보이셨다. 그런 상황에서 하나님을 따른다는 게 어떤 이들에게는 맹신처럼 보이겠지만 사실은 감사에 찬 강건한 믿음이다. 성경에 요셉과 모세와 다윗 같은 인물의 이야기가 수두룩하다. 하나님이 그들을 버리신 것 같지만 나중에 알고 보면 하나님은 삶 속의 해로운 우상을 다루고 계셨다. 이는 역경을 거쳐야만 이루어질 수 있는 일이다.

아브라함처럼 예수님도 하나님의 부르심을 받고 처절하게 씨름하셨다. 겟세마네 동산에서 그분은 아버지께 다른 길이 있느냐고 물으셨으나 결국은 순종해서 갈보리 산에 올라가 십자가를 지셨다. 아버지가 나쁜 일을 허용하시는 이유를 우리는 다 모르지만, 예수님처럼 우리도 힘들 때 하나님을 신뢰할 수 있다.

하나님을 바라보며 그분이 이미 해 주신 일을 즐거

워하면, 가장 어둡고 힘들어 보일 때도 꼭 필요한 기쁨과 희망을 얻어 하나님의 부르심에 따를 수 있다. 그리고 우리가 만든 가짜 신으로부터 해방된다.

Counterfeit
Gods

2

내가 만든 신 —— 사랑

사랑에 속고 속다
환멸에 찬 노예가 되었다

참사랑을 찾으려는 인간의 열망은 늘 노래와 이야기로 예찬되어 왔지만 현대 우리 문화에서는 경악스러울 정도로 과장되었다.

뮤지컬 작품에는 밝은 사랑 노래도 많지만 더러는 요즘 추구하는 사랑의 어두운 면을 드러낸다. 뮤지컬 〈컴퍼니〉(Company)의 〈살아 있다는 것〉이라는 곡은 사랑에 빠진 남자의 노래다. 그는 상대 여자가 "내게 너무 의존하고 …… 나를 너무 잘 알고 …… 나를 갑자기 막아서며 지옥으로 보낸다"라고 노래한다. 그런데도 그는 로맨스만이 "나를 살아 있게 하는 버팀목"이라 우기며 맥 빠지는 관계를 전전한다. 그래야만 자신이 살아 있음을 느끼기 때문이다.

〈마법에 홀린 나〉라는 노래 속의 여자는 자신이 바보와 사랑에 빠졌고 그 남자가 자신을 실망시킬 거라고 말한다. 그런데도 "나는 다시 속아 사랑에 빠졌고 다시 울고 웃는 아이가 되었다"라고 노래한다. 두 인물 모두 사랑에 빠진 상태에 지나치게 의존하고 있다. 차라리 잘못된 관계일망정 모종의 로맨틱한 관계가 없으면 그들의 삶은 무의미하게 느껴진다.

내가 목회 초기에 만났던 샐리는 미인으로 태어난 게 불운이 되었다. 어려서부터 그녀는 신체적 매력으로 힘을 휘두를 수 있음을 알았다. 처음에는 샐리 쪽에서 남을 조종했지만 결국은 남에게 조종당하는 신세가 되었다. 아무 남자하고든 사랑에 빠져 있지 않으면 자신이 무력한 투명인간처럼 느껴졌다. 결코 홀로 있지 못했다. 그 결과 샐리는 폭력을 행사하는 남자들과도 관계를 유지했다.

그녀는 왜 그런 대우를 견딘 것일까? 하나님만이 주실 수 있는 깊은 애정과 수용을 남자에게서 찾으려 했기 때문이다. 그래서 사랑의 노예가 되었다. 흔히들 "내 상사는 사람을 노예 부리듯 한다"라고 말하지만 그것은 과장법에 불과하다. 물론 상사가 당신을 고달프게 만들 수 있으나 진짜 노예 부리듯 하는 사람은 경계선을 모른다. 말 그대로 당신에게 무슨 짓이든 할 수 있다. 구타하거나 강간하거나 심지어 죽일 수도 있다.

마찬가지로 적절한 경계선을 벗어난 요구는 그것이 좋은 것일지라도 이미 가짜 신으로 변했다는 증거다. 건강을 해칠 때까지 일하거나 승진하려고 법을 어긴다면 일이 우상화되었다는 뜻이다. 연인의 폭행과 가학 행위를 허용하거나 완전히 콩깍지가 씌어 병적인 관계를 보지 못한다면 사랑이 우상화된 것이다. 우상에 집착하는 사람은 그것을 놓치지 않으려고 다른 약속을 쉽게 어기거나 무모한 행위를 합리화하거나 배신을 저지를 수도 있다. 우상에 떠밀려 선하고 적절한 모든 경계선을 침범할 수 있다. 우상을 숭배하면 노예가 된다.

사랑을 쫓아다니다 노예가 될 수 있음을 보여 주는 이야기가 성경에도 있다. 창세기 29장에 나오는 야곱과 레아의 이야기인데, 아주 오래된 것이지만 어느 때보다 지금의 우리에게 딱 들어맞는다. 로맨틱한 사랑과 결혼을 가짜 신으로 삼는 일이야 늘 가능했지만 지금 우리가 살고 있는 문화에서는 사랑을 하나님으로 혼동하기가 더 쉬워졌다. 그래서 사람들은 사랑에 휩쓸려 희망을 몽땅 거기에 건다.

파탄 난 인생

앞장에서 봤듯이 하나님은 아브라함에게 오셔서 그의 집안 곧 후손의 혈통을 통해 세상을 구속하실 것을 약속하셨다. 이제 각 세대마다 혈통을 이을 한 자녀가 선택될 것이고, 그가 하나님과 동행하며 신앙을 다음 세대에 전수할 것이다. 그것을 대대로 다른 자녀가 물려받고 또 물려받아 마침내 때가 되면 아브라함의 후손으로 메시아가 친히 오실 것이다.

아브라함은 이삭을 낳았다. 세월이 흘러 이삭의 아내 리브가가 쌍둥이를 임신했는데 하나님은 "큰 자가 어린 자를 섬기리라"(창 25:23)라고 예언하셨다. 둘째로 태어날 아이가 메시아의 혈통을 잇도록 선택되었다는 뜻이다. 그런데 이삭은 예언에도 불구하고 맏아들 에서에 치중하여 둘째 야곱보다 그를 편애했다. 얄궂게도 이는 아브라함이 범하지 않도록 하나님이 이미 막아 주셨던 바로 그 비참한 과오였다. 그때 하나님은 아브라함을 불러 독자를 바치게 하셨다. 이삭의 편애 때문에 에서는 거만하고 버릇없고 고집 세고 충동적인 사람으로 자랐고, 야곱은 냉소적이고 울분에 찬 사람으로 자랐다.

차세대 족장을 축복할 때가 되자 늙은 이삭은 하나님의 예언을 무시하고 에서를 축복하려 했다. 그런데 야곱이 차림새를 형처럼 꾸미고 눈이 어두운 아버지에게 들어가 감쪽같이 축복을 받아 냈다. 이 사실을 안 에서가 야곱을 죽이기로 작정했으므로 야곱은 필사적으로 광야로 도피해야 했다.

야곱의 인생은 파탄 났다. 가족과 유산을 잃었고 생전에 부모님을 다시 보지 못했다. 야곱은 비옥한 초승달 지역 건너편으로 향했다. 외가 쪽 친척이 많이 살고 있는 곳에서 목숨이라도 부지할 요량이었다.

라헬만 얻으면 비참한 내 인생 회복되리라!

외가는 몸을 피하러 온 야곱을 받아 주었다. 외삼촌 라반이 그를 목자로 채용해 자기 양 떼를 일부 맡겼다. 야곱이 정말 관리자다운 실력을 갖추었음을 확인한 라반은 관리직을 제의하며 "네 품삯을 어떻게 할지 내게 말하라"(창 29:15)라고 했다. 야곱은 오직 라헬을 원했다.

라반에게 두 딸이 있으니 언니의 이름은 레아요 아우의 이름은 라헬이라 레아는 시력이 약하고 라헬은 곱고 아리따우니 야곱이 라헬을 더 사랑하므로 대답하되 내가 외삼촌의 작은딸 라헬을 위하여 외삼촌에게 칠 년을 섬기리이다 라반이 이르되 그를 네게 주는 것이 타인에게 주는 것보다 나으니 나와 함께 있으라 야곱이 라헬을 위하여 칠 년 동안 라반을 섬겼으나 그를 사랑하는 까닭에 칠 년을 며칠같이 여겼더라(창 29:16-20).

히브리어 본문을 직역하면 라헬은 몸매가 좋은 데다 예쁘기까지 했다. 야곱은 그런 그녀에게 홀딱 반했다. 버클리의 저명한 히브리 문학자 로버트 알터는 야곱이 라헬에게 푹 빠져 상사병이 났음을 보여 주는 징후가 본문에 많이 나온다고 지적했다.[1] 야곱이 신부의 값으로 제시한 7년분의 품삯은 당시의 통화 가치로 따지면 엄청난 액수였다. 그런데도 그는 라헬을 사랑해서 7년을 며칠같이 여겼다고 한다(20절 참조).

7년이 지나 드디어 야곱이 라반에게 말한다. "내 기한이 찼으니 내 아내를 내게 주소서 내가 그에게 들어가겠나이다"(21절). 알터에 따르면 고대 담화가 대개 정제되었던 데 반해 이 대목의 히브리어 문구는 유난히 노골적이고 생생하며 성적이다. 요즘이라 하더라도 이렇게 말한다고 상상해 보라. "어르신의 딸과 어서 첫날밤을 치르고 싶습니다. 당장 주십시오!" 내레이터가 보여 주는 이 남자는 한 여자를 향한 정서적, 성적 열망으로 잔뜩 달아올라 있다.

왜 그랬을까? 야곱의 삶은 공허했다. 그는 아버지의 사랑을 받지 못했고, 소중한 어머니의 사랑도 잃었으며, 하나님의 사랑과 보호는 더욱 몰랐다. 그러던 차에 이토록 아리따운 여인을 처음 봤으니 틀림없이 이렇게 생각했을 것이다. '그녀만 있으면 드디어 내 비참한 인생도 뭔가 제대로 될 거야. 그녀만 있으면 문제가 해결될 거야.' 그래서 의미를 찾고 인정받으려는 마음의 열망이 온통 라헬에게 쏠렸다.

야곱은 그 당시로서는 특이한 경우였다. 문화 역사가들에 따르면 옛날 사람들은 대개 사랑으로 결혼한 게 아니라 사회적 지위를 유지하기 위해 결혼했다. 그러나 지금은 야곱 같은 사람이 드물지 않다.

《죽음의 부정》(*The Denial of Death*, 인간사랑 역간)으로 퓰리

처상을 수상한 어네스트 베커는 사람들이 하나님을 믿는 신앙을 잃고 나서 이에 대처해 온 다양한 방식을 설명했다. 이제 우리는 자신이 어떤 목적을 위해 지어진 게 아니라 우연히 존재한다고 믿는다. 그러면 삶의 의미는 어디서 올까? 베커가 말한 "운명적 로맨스"가 삶의 의미를 찾을 수 있는 주된 출처 중 하나다. 하나님을 믿는 데서 얻었던 초월성과 의미를 이제 우리는 섹스와 로맨스에서 얻으려 한다. 신앙 없는 현대인에 대해 그는 이렇게 썼다.

> 인간은 여전히 자긍심이 필요했고 자기 삶이 본래 중요함을 알아야 했다. …… 뭔가 더 고상한 의미에 흡수되어 신뢰와 감사로 거기에 몰두해야 했다. …… 그런데 하나님이 더는 없으니 어떻게 그리할 것인가? 맨 먼저 떠오른 방법 중 하나는 오토 랑크의 말대로 '로맨틱한 해법'이었다. …… 내면 깊은 곳에 본질적으로 필요한 자존감을 인간은 이제 사랑의 대상에게서 찾으려 했다. 사랑의 대상은 우리 삶을 채워 줄 신적 이상(理想)이 된다. 모든 영적, 도덕적 욕구가 이제 그 한 사람에게 집중된다. …… 한마디로 사랑하는 상대가 곧 하나님이 된다. ……

> 하나님이 주관하시는 위대한 신앙 공동체의 세계관이
> 소멸되자 인간은 '그대'(thou)를 찾아 나섰다.[2] ……
> 사랑의 대상을 하나님의 지위로 격상시켜서 결국 우리가
> 얻으려는 것은 무엇인가? 다름 아닌 구원이다.[3]

야곱이 한 일이 바로 그것이며, 베커가 지적했듯이 우리 시대의 허다한 이들도 똑같이 찾아 헤매고 있다. 우리 사회의 대중음악과 예술은 계속 그렇게 하라고 우리를 부추긴다. 의미와 초월성을 찾으려는 가장 깊은 마음의 욕구를 몽땅 로맨스와 사랑에 걸라는 것이다. "누군가가 너를 사랑하기 전에는 너는 아무것도 아니다"라는 대중가요 가사를 우리 문화 전체가 그대로 흡수했다.

우리는 천생연분을 만나기만 하면 내 모든 문제가 치유될 거라는 환상을 품고 있다. 하지만 기대와 희망이 그 정도까지 커지면 베커의 말마따나 "사랑하는 상대가 곧 하나님이 된다." 그 역할을 감당할 연인은 없고 거기에 부응할 수 있는 인간은 없다. 그래서 필연적으로 쓰라린 환멸을 경험한다.

로맨틱한 사랑과 섹스는 여전히 힘이 세다

베커의 문화 분석이 한물갔다고 보는 이도 있다. 지금 우리는 '일회성 성관계의 문화'(the hookup culture) 속에 산다는 것이다. 젊은이들은 섹스를 장기적 헌신과 무관한, 가볍고 흔한 것으로 바꾸어 놓았다. 실제로 연애하는 남녀는 별로 없고 남자 친구나 여자 친구가 있는 사람도 적어졌다. 여자들은 성평등을 내세우며 "우리도 남자만큼 성의 재미를 누릴 자격이 있다"라고 말한다. 섹스만 즐기고 정서적으로 너무 얽히지는 말아야 한다는 또래 집단의 압력이 거세지고 있다.[4] 그러니 우리 문화는 '운명적 로맨스'에 대한 희망으로부터 분명히 멀어지고 있다는 것이다. 집요한 청교도주의에서 벗어나기만 하면 섹스는 별 문제가 못 된다는 논리다.

하지만 천만의 말이다. 로라 세션즈 스텝이 *Unhooked: How Young Women Pursue Sex, Delay Love, and Lose at Both*(언훅트: 사랑을 미루고 섹스를 좇다가 둘 다 놓치는 여성)에 밝혔듯이 대부분의 젊은 여성은 일회성 성관계에서 만족을 얻지 못한다. 친구들 앞에서 선뜻 인정하지 않을 뿐이다. 우리 문화는 육체적, 성적 매력을 엄청나게 강조한다. 이는 섹스가 별 문제가 못 된다는 개념이 거짓이라는 증거다.

1940년대에 C. S. 루이스는 영국 학계의 많은 동료로부터 섹스도 식욕처럼 하나의 욕구에 불과하다는 말을 들었다. 사람들이 그 사실을 인식하고 그냥 원할 때마다 섹스를 하면 더는 사랑과 섹스의 욕망 때문에 '미칠 지경'이 되지 않는다는 것이었다. 루이스는 거기에 의혹을 품고 하나의 사고 실험을 제안했다.

> 당신이 어느 나라에 갔는데 거기서는 접시의 음식에
> 뚜껑을 덮어 무대에 올리기만 해도 극장이 꽉 찬다고
> 생각해 보라. 천천히 뚜껑을 열어 불이 꺼지기 직전에
> 만인에게 공개하는데 접시에는 고작 양고기 토막이나
> 소량의 베이컨이 놓여 있다. 그 나라 사람들이
> 뭔가 이상하다는 생각이 당연히 들지 않겠는가? ……
> 한 비평가의 말마따나 음식물의 스트립쇼가
> 그토록 인기 있는 나라라면 국민들이 굶고 있다는
> 결론이 불가피할 것이다.[5]

하지만 루이스의 이어지는 논지처럼 우리는 섹스를

굶기는커녕 지금처럼 섹스가 흔한 때는 없었다. 그런데도 스트립쇼에 상응하는 포르노는 이미 1조 달러 규모의 산업이 되었다. 그러므로 섹스와 로맨틱한 사랑은 식욕처럼 '하나의 욕구에 불과한' 게 아니라 우리에게 그보다 훨씬 의미가 크다. 진화생물학자들은 그것이 우리 뇌에 장착되어 있다고 설명한다. 그리스도인은 우리가 로맨틱한 사랑을 할 수 있는 게 하나님의 형상대로 지음받았기 때문이라고 설명한다(창 1:27-29; 엡 5:25-31 참조). 양쪽 다 맞다고 볼 수 있다.

어쨌든 로맨틱한 사랑은 인간의 마음과 사고에 엄청난 위력을 행사하며, 따라서 우리 삶을 충분히 지배할 수 있다. 쓰라린 상처나 두려움 때문에 로맨틱한 사랑을 완전히 피하는 이도 사실은 그 위력에 지배당한다. 전에 내가 알던 한 남자는 여자한테 너무 실망해서 이제 장기적 헌신 없이 성관계만 갖는다고 말했다. 그는 더 이상 사랑에 조종당하지 않는다고 자랑했다.

나는 그에게 너무 두려워 사랑이 없어야만 한다면 사랑이 있어야 하는 것만큼이나 예속된 상태라고 말해 주었다. 사랑이 없어야만 하는 사람은 훌륭한 짝이 될 만한 사람까지도 피할 것이고, 사랑이 있어야 하는 사람은 자기에게 맞지 않거나 난폭한 사람까지도 짝으로 삼을 것이다. 사랑을 너무 겁내거나 반대로 사랑밖에 모른다면, 이미 사랑이 신적 위력을 발휘해 당신의 지각과 삶을 뒤틀어 놓은 것이다.

온 집안에 독소를 퍼뜨린 사랑 중독

야곱은 내면이 공허했기 때문에 '로맨틱한 사랑'이라는 우상숭배에 빠지기 쉬웠다. 그는 라헬을 얻기 위해 7년간 일하겠다고 했는데 이는 당시 신부를 데려올 때 치르는 통상적 값보다 거의 네 배나 많은 수준이었다. 비양심적인 라반은 야곱이 지독한 상사병에 걸려 있음을 보고 그 상태를 이용했다.

라헬과 결혼해도 되겠느냐는 야곱의 물음에 라반은 일부러 애매하게 답했다. '좋다, 그렇게 하자'라고 확답을 준 게 아니라 "그를 네게 주는 것이 타인에게 주는 것보다 나으니"(창 29:19)라고 말했을 뿐이다. 야곱은 자기가 듣고 싶은 대로 이를 승낙으로 들었으나 사실은 승낙이 아니라

'너와 라헬이 맺어지는 것도 괜찮겠지' 정도에 불과했다.

7년이 지나자 야곱은 라반에게 가서 "내 아내를 내게 주소서"라고 말했다. 풍습대로 성대한 혼인 잔치가 열렸다. 한창 흥이 무르익었을 때 라반은 얼굴에 베일을 덮어 씌운 채 야곱의 아내를 데려왔다. 야곱은 술에 취한 상태로 그녀와 동침했다. 그런데 아침에 보니, 레아였다. 백주에 야곱이 보니 자신이 첫날밤을 치른 여자는 라헬의 볼품없는 언니 레아였다.

야곱은 분노에 부르르 떨며 라반에게 가서 "외삼촌이 어찌하여 내게 이같이 행하셨나이까"(25절)라고 따졌다. 라반은 동생보다 언니가 먼저 결혼하는 게 이 지방 풍습임을 몰랐느냐고 태연히 응수했다. 그러면서 7년을 더 일하면 기꺼이 라헬도 주겠노라고 덧붙였다. 비수에 찔리고 덫에 걸린 야곱은 라헬도 얻으려고 7년을 더 봉사했다.[6]

야곱이 어찌 그리 쉽게 속아 넘어갈 수 있었는지 의아하겠지만 그는 중독자처럼 행동한 것이다. 로맨틱한 사랑은 여러모로 마약처럼 작용해 삶의 현실을 도피하게 해준다. 여러 폭력적 관계에서 헤어나지 못하던 미모의 여성 샐리는 내게 이렇게 말한 적이 있다. "남자들이 제겐 술이었어요. 남자 품에 안겨야만 삶을 감당할 수 있고 제가 괜찮아 보였거든요."

또 다른 예로 어떤 나이든 남자는 배우자를 버리고 묘령의 여자를 만난다. 자신이 늙어 가고 있다는 현실을 감추려는 처절한 시도. 어떤 젊은 남자는 두어 번 동침할 때까지만 여자에게 매력을 느끼고 그 뒤에는 관심을 잃는다. 그에게 여자란 자기 매력과 정력을 확인하기 위한 필수품에 불과하다.

우리의 두려움과 피폐한 내면 때문에 사랑은 마약으로 변한다. 고통을 달래는 마취제인 셈이다. 그리하여 중독자는 늘 미련하고 해로운 선택을 일삼는다.

야곱이 바로 그랬다. 라헬은 그에게 단순히 아내가 아니라 '구세주'였다. 그녀를 어찌나 애절하게 원하고 필요로 했던지 자기가 듣고 싶은 말만 들었고 보고 싶은 것만 봤다. 그래서 라반의 속임수에 쉬이 넘어갔던 것이다.

야곱이 라헬을 우상으로 섬겼기에 이후로 수십 년간 집안에 우환이 끊이지 않았다. 그는 레아의 아들보다 라헬의 아들을 떠받들고 편애해서 모든 자녀의 마음에 상처와 원한을 남겼고 온 집안에 독소를 퍼뜨렸다. 흔히 사랑에 빠진 사람을 가리켜 '눈에 콩깍지가 씌었다'라고 하는데, 정말 말 그대로라면 그 해로움이 얼마나 크겠는가.

날마다 비수에 찔리는 고통

이렇듯 우상숭배는 야곱의 삶을 망쳐 놓았다. 하지만 이 모든 일의 가장 큰 피해자는 레아일 것이다. 레아는 맏딸인데 내레이터가 그녀에 대해 남긴 중요한 세부 사항은 딱 하나뿐이다. 본문에 보면 그녀는 '시력이 약했다'(창 29:17 참조). 이를 시력이 나빴다는 뜻으로 해석하는 이들도 있으나 본문에 '레아는 시력이 약하나 라헬은 앞이 아주 잘 보이니'라고 하지 않고 레아는 시력이 약하나 라헬은 아리따웠다고 했다. 따라서 여기 '약하다'라는 말은 그녀가 사시였거나 어딘가 보기 흉했다는 뜻일 것이다. 요지는 분명하다. 레아는 그다지 볼품이 없었고 평생 동생의 절세 미모에 가려진 채로 살아야 했다.

그래서 라반은 레아와 결혼하려고 값을 치를 남자가 아무도 없으리라는 것을 알았다. 라헬을 결혼시켜 큰돈을 챙기려면 레아부터 처리해야 하는데 몇 년째 그 방도가 막막했다. 이런 금전 문제의 해답을 그는 야곱에게서 찾았다. 제 발로 굴러온 기회를 그냥 놓칠 라반이 아니었다. 하지만 그것이 레아에게 어떤 의미였는지 보라. 아버지가 원하지 않던 딸은 이제 남편이 원하지 않는 아내가 되었다. 야곱은 레아보다 라헬을 더 사랑했다(30절 참조). 레아는 아무도 원하지 않는 여자였다.[7]

이런 레아의 마음도 야곱만큼이나 공허하기 짝이 없었다. 반응도 야곱과 똑같았다. 야곱이 라헬에게 그랬고 이삭이 에서에게 그랬듯이, 그녀도 야곱에게 똑같이 했다. 마음의 희망을 야곱의 사랑을 얻어 내는 데 둔 것이다. 본문 마지막 몇 구절만큼 서글픈 대목도 성경에 많지 않을 것이다.

> 여호와께서 레아가 사랑받지 못함을 보시고 그의 태를
> 여셨으나 라헬은 자녀가 없었더라 레아가 임신하여
> 아들을 낳고 그 이름을 르우벤이라 하여 이르되
> 여호와께서 나의 괴로움을 돌보셨으니 이제는 내
> 남편이 나를 사랑하리로다 하였더라 그가 다시 임신하여
> 아들을 낳고 이르되 여호와께서 내가 사랑받지 못함을

들으셨으므로 내게 이 아들도 주셨도다 하고 그의

이름을 시므온이라 하였으며 그가 또 임신하여 아들을

낳고 이르되 내가 그에게 세 아들을 낳았으니 내 남편이

지금부터 나와 연합하리로다 하고 그의 이름을 레위라

하였으며 그가 또 임신하여 아들을 낳고 이르되

내가 이제는 여호와를 찬송하리로다 하고

이로 말미암아 그가 그의 이름을 유다라 하였고

그의 출산이 멈추었더라(창 29:31-35).[8]

레아는 무엇을 했는가? 가정의 전통 가치관을 통해 행복과 정체성을 찾으려 했다. 특히 당대에는 아들을 낳는 게 최선의 방법이었으나 그것도 통하지 않았다. 그녀는 모든 희망과 꿈을 남편에게 걸었다. '아들을 낳으면 남편도 나를 사랑하게 될 거고 그러면 결국 내 불행한 삶도 해결될 것이다'라고 생각했다.

하지만 아기를 낳을수록 그녀는 지옥 같은 외로움 속으로 더 깊이 빠져들었다. 자신이 가장 갈망하는 남자가 자신이 평생 따라갈 수 없는 여자의 품에 안겨 있으니 그 모습을 봐야 하는 하루하루가 형벌이었다. 날마다 심장이

비수에 찔리는 듯했다.

아침에 보면 늘 레아다

이 대목에서 현대의 많은 독자는 이런 의문이 들 것이다. '이 이야기 속의 영적 위인은 다 어디로 갔는가? 내가 본받아야 할 사람은 누구인가? 이야기의 교훈은 무엇인가?'

우리가 이런 혼란에 빠지는 이유는 대개 성경을 일련의 단절된 이야기로 읽기 때문이다. 마치 각 이야기마다 우리에게 어떻게 살아가야 할지를 보여 주는 '교훈'이 있는 것처럼 말이다. 사실은 그렇지 않다. 성경은 인류가 어떻게 현 상태에 이르렀고 하나님이 이를 바로잡으시고자 어떻게 예수 그리스도를 통해 오셨고 또 오실 것인지를 보여 주는 단일한 이야기다.

다시 말해 성경은 도덕적 사다리의 맨 꼭대기에 신을 올려놓고 우리에게 '너희도 열심히 기를 쓰고 제대로 살면 여기까지 올라올 수 있다!'라고 말하지 않는다. 그보다 성경이 우리에게 거듭 보여 주는 것은 연약한 인간이다. 그들은 하나님의 은혜를 받을 자격도 없고 구하지도 않을뿐더러 은혜를 받아도 감사할 줄 모른다. 이것이 성경 전체를 아우르는 큰 내러티브이고, 나머지 개별 이야기는 다 그 밑에 속한다. 그렇다면 이번 이야기에서 배울 것은 무엇인가?

모든 사람에게 보편적인 환멸이 인생 전반에 깔려 있음을 배운다. 이 사실을 깨닫기 전에는 누구도 현명한 삶을 영위할 수 없다. 야곱은 "라헬만 얻을 수 있다면 다 잘 될 것이다"라고 말했고, 상대가 라헬인 줄로 알고 동침했다. 그런데 히브리어를 직역하면 "아침에, 보니, 레아였다"(창 29:25 참조). 한 주석가는 이 구절에 대해 "이는 에덴동산 이후로 인류가 경험해 온 환멸의 축소판이다"라고 주해했다.[9] 이 말은 무슨 뜻인가? 우리 희망을 어디에 걸든지 아침에 보면 라헬이 아니라 늘 레아라는 뜻이다. 물론 레아라는 인물을 십분 존중하긴 하지만 말이다(그녀에게 배울 것도 많다). 이것을 C. S. 루이스의 《순전한 기독교》(*Mere christianity*, 홍성사 역간)보다 더 잘 표현한 글은 없다.

자기 마음속을 정말 들여다볼 줄 아는 사람이라면 거의

누구나 알겠지만, 우리는 이 세상에서 얻을 수 없는 뭔가를 간절히 원한다. 세상의 온갖 것이 당신에게 그것을 주겠다고 약속하지만 결코 그 약속을 지키지 못한다. 처음 사랑에 빠지거나 처음으로 외국을 떠올리거나 흥미로운 과목을 처음 접할 때 우리 안에 일어나는 동경이 있다. 그런데 그 동경은 결혼이나 여행이나 학업으로도 정말 채워질 수 없다. 지금 나는 결혼이나 휴가나 학문적 직업이 잘 안 풀린 경우를 말하는 게 아니라 달성할 수 있는 최고의 경우를 말하는 것이다. 동경의 첫 순간에만 잡힐 듯하다가 현실 속에서 바로 사라져 버리는 뭔가가 있다. 무슨 뜻인지 다들 알 것이다.
아내는 좋은 사람일 수 있고, 호텔과 경치는 훌륭했을 수 있고, 화학은 아주 흥미로운 분야일 수 있다. 그런데도 뭔가가 우리를 피해 달아났다.[10]

당신도 야곱처럼 결혼해서 가장 깊은 희망과 동경의 무게를 전부 상대에게 건다면 배우자는 당신 기대에 짓눌려 쓰러질 것이다. 당신의 삶과 배우자의 삶은 다방면으로 뒤틀어질 것이다. 당신 영혼에 필요한 것을 다 줄 수 있는 사람은 없다. 아무리 최고의 배우자라도 별 수 없다. 당신은 라헬과 동침한 줄로 알겠지만 일어나 보면 늘 레아일 것이다. 이런 인류의 보편적인 실망과 환멸은 삶 전반에 퍼져 있으며, 특히 자신이 가장 희망을 둔 대상에게서 실감된다.

마침내 그 사실을 깨달았다면 당신은 네 가지로 반응할 수 있다. 첫째로 당신을 실망시킨 그 대상을 탓하며 더 나은 대상으로 옮겨 갈 수 있다. 이는 우상숭배를 지속하는 영적 중독의 길이다. 둘째로 자신을 탓하며 이렇게 자책할 수 있다. '어차피 나는 실패자야. 남은 다 행복해 보이는데 왜 나만 불행한지 모르겠어. 나한테 뭔가 문제가 있나 봐.' 이는 자기혐오와 수치의 길이다. 셋째로 세상을 탓하며 이성(異性)을 모두 싸잡아 저주할 수 있다. 그러면 당신은 완고해지고 냉소적이고 공허해진다.

끝으로 C. S. 루이스가 소망에 대한 훌륭한 장의 끝부분에 말했듯이, 당신도 삶의 초점 전체를 하나님 쪽으로 조정할 수 있다. 그는 "이 세상의 어떤 경험으로도 채울 수 없는 갈망이 내 안에 있다면, 가장 개연성 있는 설명은 내가 다른 세상(초월적이고 영원한 무엇)을 위해 지어졌다는 것이

다"라고 결론지었다.[11]

남자의 우상, 여자의 우상

야곱은 '운명적 섹스'를 추구했고, 전통주의자 레아는 아기를 낳으며 아내라는 신분에서 자기 정체성을 찾으려 했다. 하지만 둘 다 좌절했다. 어네스트 베커는 그 이유를 이렇게 설명한다.

> 로맨틱한 사랑은 인간 문제에 대한 해답이 될 수 없으며
> 현대인의 좌절은 다분히 거기서 비롯된다. …… 어떤
> 인간관계도 신의 역할이라는 무게를 감당할 수 없다. ……
> 아무리 사랑하는 상대를 이상화하고 우상화해도 그의
> 현세적이고 부패하고 부족한 모습이 드러날 수밖에 없다.
> …… 사랑하는 상대를 그 지위로 격상시켜서 결국 우리가
> 얻으려는 것은 무엇인가? 자기 흠을 없애는 것이다.
> 우리는 자신이 아무것도 아니라는 느낌을 지우려 한다.
> 자기 존재가 헛되지 않다고 정당화하려 한다.
> 다름 아닌 구원받으려 한다. 물론 상대는 인간이므로

이것을 줄 수 없다.[12]

로맨틱한 사랑과 관련된 남녀의 전형적 우상은 양쪽 다 막다른 골목이다. 흔히들 "남자는 사랑을 이용해 섹스를 얻고 여자는 섹스를 이용해 사랑을 얻는다"라고 말한다. 이 말도 조금은 일리가 있다. 그러나 위의 이야기에서 보듯이 양쪽 다 우리를 실망시키는 가짜 신이다. 야곱은 미모의 아내를 얻어 그녀에게서 자기 삶의 정당성을 찾으려 했으므로 상대에게 마음을 주면서도 그녀의 미성숙한 모습과 여러 결함은 보지 못했다. 레아가 섬긴 가짜 신은 섹스가 아니었다. 남편의 몸은 분명히 곁에 있었으나 그의 사랑과 헌신은 그렇지 않았다. 그래서 레아는 그의 영혼이 자신에게 달라붙어 '연합하기'를 원했다. 하지만 야곱이 거부했으므로 그녀의 삶은 늘 빈곤하고 불행했다.

현대 문화에 점점 확산되어 온 인식이 있다. 많은 여성이 '헌신적 관계'라는 우상에 빠져 있다는 것이다. 영화 〈그는 당신에게 반하지 않았다〉(He's Just Not That Into You)에 대한 〈뉴욕 타임스〉의 평론을 보면, 마놀라 다기스는 할리우드에서 양산되는 영화 속의 젊은 여자들이 '이제 여성적 갈망을 다분히 구두, 결혼식, 아기에 할애하는 듯 보인다'라고 통탄했다. 영화에 등장하는 한 여성 등장인물은 첫 데이트에서 돌아온 뒤 친구에게 전화해 멋진 밤이었다고 말한다. 그 시간에 상대 남자는 집에서 다른 여자에게 전화를 건다.[13]

이 평론가가 제대로 지적했듯이 백마 탄 왕자님과의 로맨스와 거창한 결혼식을 우상으로 삼는 여자는 이미 갈망의 노예가 된 것이다. 다기스는 여자들에게 여성이 우상화하는 전형적 사랑을 버리고 남성처럼 사랑하라고 조언한다.

하지만 앞서 봤듯이 모든 우상숭배는 사람을 노예로 만든다. 남성이 우상화하는 사랑은 '한 사람에게 매이지 않고 여러 여자와 사귀어도 되는' 독립을 몸에 배게 한다. 여성이 우상화하는 사랑은 다기스의 지적처럼 여자들을 중독과 의존에 빠뜨려 조종당하기 쉽고 취약하게 만든다. 양쪽 다 일종의 노예 상태다. 양쪽 다 우리를 눈멀게 해 인생의 지혜로운 선택을 막는다. 양쪽 다 우리 삶을 망가뜨린다. 그렇다면 이제 어찌할 것인가?

인격적인 은혜의 하나님께 손 내밀라

레아는 이 슬픈 이야기에서 영적 성장을 보이는 유일한 인물이다. 비록 맨 마지막에 가서야 그리되긴 하지만 말이다. 우선 하나님이 그녀 안에 행하시는 일을 보라. 히브리어 학자들이 지적하듯이 레아가 하는 모든 말에 하나님이 등장한다. 레아는 그분을 여호와라는 이름으로 부른다. "여호와께서 나의 괴로움을 돌보셨으니"(창 29:32). 레아는 여호와에 대해 어떻게 알았을까?

히브리어에서 하나님을 지칭하는 일반 단어는 '엘로힘'이었다. 당시 모든 문화에 하나님 내지는 신들에 대한 보편적 개념이 어느 정도 있었지만, 여호와는 아브라함과 훗날 모세에게 스스로 계시하신 하나님의 이름이었다. 아브라함에게 그의 혈통을 통해 온 세상에 복을 주시겠다고 말씀하신 분이 바로 그분이었다. 레아가 여호와를 알 수 있었던 길은, 야곱이 자기 할아버지에게 주어진 약속을 그녀에게 말해 주었을 경우뿐이다. 이렇듯 그녀는 혼란에 빠져 힘들었지만 그럼에도 인격적인 은혜의 하나님께 손을 내밀었다.

그러나 돌파구는 출산의 세월이 모두 흐른 후에야 찾

아온다. 넷째 아들 유다를 낳고서 그녀는 "내가 이제는 여호와를 찬송하리로다"(35절)라고 말한다. 이 고백에는 당당한 기백이 묻어난다. 이전의 세 아이를 낳고 선포하던 말과는 다르다. 이번에는 남편이나 아이가 언급되지 않는다. 마침내 그녀는 자기 마음의 가장 깊은 희망을 남편과 자녀에게서 떼어내 여호와께 둔 것으로 보인다. 야곱과 라반은 레아의 삶을 앗아갔으나 그녀는 결국 주님께 마음을 드려 삶을 돌려받았다.

내가 너의 참 신랑이다

하나님이 레아 안에 행하신 일뿐만 아니라 그녀에게 해 주신 일도 봐야 한다. 레아는 이 아이에게 뭔가 특별한 데가 있음을 느꼈을 수 있다. 하나님이 자신에게 뭔가를 해 주셨음을 직감했을 수 있다. 그분이 해 주신 일을 창세기의 저자는 분명히 알았다. 이 아이는 유다였는데 창세기 49장에 보면 훗날 진정한 왕이신 메시아가 바로 그를 통해 오신다고 했다. 하나님은 아무에게도 사랑받지 못하는 여자를 찾아오셔서 그녀를 예수님이 나실 계보의 조상으로 삼아 주셨다. 세상에 구원이 임한 통로는 아리따운 라헬이 아니라 아무도 원하지 않아 사랑받지 못한 레아였다.

하나님이 그냥 약자를 즐겨 응원하시는 분이라서 그런가? 아니다. 레아에게 주신 이 놀라운 선물은 그보다 훨씬 의미가 깊다. 본문에 보면 주님은 레아가 사랑받지 못함을 보시고 친히 그녀를 사랑해 주셨다. '내가 참 신랑이다. 나는 남편 없는 자의 남편이요 고아의 아버지다.' 그분은 은혜로 구원하시는 하나님이다.

도덕 종교의 신은 기대 이상의 실적으로 성공한 자를 선호한다. 도덕적 사다리를 타고 천국에 올라가는 사람. 그러나 성경의 하나님은 이 세상에 내려오셔서 구원을 이루시고 우리 힘으로는 결코 얻을 수 없는 은혜를 베푸신다. 그분은 아무도 원하지 않는 사람, 연약하고 사랑받지 못하는 이들을 사랑하신다. 그분과 우리는 왕과 신민의 관계만이 아니다. 목자와 양의 관계만도 아니다. 그분은 남편이시고 우리는 그분의 신부다. 그분은 우리를 기뻐하여 어쩔 줄 모르신다. 아무도 봐 주지 않는 사람까지도 말이다.

여기에 우상숭배를 이기는 놀라운 힘이 있다. 로맨틱한 상대를 만나지 못한 사람이 세상에 많이 있거니와 그들은 주님의 이런 음성을 들어야 한다. '내가 참 신랑이다. 네 마음의 모든 갈망을 이루어 줄 품은 하나뿐이다. 내게로 오기만 하면 마지막 날에 그 품이 너를 기다리고 있을 것이다. 그러니 지금 내가 너를 사랑함을 알라.'

나아가 배우자가 없는 사람만 아니라 있는 사람도 하나님이 우리의 참된 신랑이심을 알아야 한다. 그래야 결혼 생활이 자신의 신적인 기대의 중압감에 짓눌리지 않는다. 신 같은 배우자를 기대하고 결혼한다면 상대가 당신을 실망시킬 것은 뻔하다. 배우자를 덜 사랑하라는 게 아니라 하나님을 더 알고 더 사랑해야 한다. 어떻게 하면 하나님 사랑을 아주 깊이 알아 우리의 숨 막히는 기대로부터 연인이나 배우자를 해방시켜 줄 수 있을까? 레아의 삶이 가리켜 주는 그분을 바라봐야 한다.

그리스도만이 내 생명

예수 그리스도로 이 땅에 오신 하나님은 과연 레아의 후손이었다. 그분은 아무도 원하지 않는 사람이 되셨다. 말구유에서 태어나셨고, 우리가 보기에 흠모할 만한 아름다운 것이 없었으며(사 53:2 참조), 자기 땅에 오셨으나 자기 백성이 영접하지 않았다(요 1:11 참조). 결국은 모두가 그분을 버렸다. 예수님은 아버지께마저 "어찌하여 나를 버리셨나이까"라고 부르짖으셨다.

그분은 왜 레아의 후손이 되셨을까? 왜 아무도 원하지 않는 사람이 되셨을까? 당신과 나를 위해서다. 그분은 우리 죄를 지시고 우리 대신 죽으셨다. 우리를 사랑하신 그 모습에 깊이 감격하면 다른 사이비 구주들은 우리 마음에서 떨어져 나간다. 온갖 추구와 관계를 통해 스스로 구원하려던 노력을 그만두게 된다. 이미 구원받았기 때문이다. 엉뚱한 데서 구주를 찾으려던 것도 그만둔다. 참 구주가 계시기 때문이다.

> 기존의 애정의 대상을 마음에서 제하려면 새로운 대상의 위력으로 축출하는 수밖에 없다. …… 그러므로 …… 세상을 향해 거울을 들어 세상의 결함을 보여 주는 것만으로 …… 부족하다. 당신의 낙이 본질상 덧없는 것임을 예증하고 …… 양심의 우매함을 …… 스스로 일깨우는 것만으로 부족하다. 오히려 세상보다 크신

그분의 사랑이 모든 정당한 방법으로

당신의 마음에 와 닿게 하라.[14]

　하루는 샐리가 내게 자신의 삶을 되찾은 경위를 들려주었다. 상담자를 찾아갔더니 여태 그녀가 남자에게서 정체성과 '구원'을 찾으려 했음을 제대로 지적해 주었다. 상담자의 조언인즉, 취직하고 경제적으로 독립해서 자존감을 찾으라는 것이었다. 샐리는 경제적 독립의 필요성에 전적으로 동의하면서도 그런 식으로 자존감을 찾으라는 권면은 거부했다. "그건 여성의 일반 우상을 버리고 남성의 일반 우상을 섬기라는 조언이잖아요. 하지만 저는 자존감을 남자에게 의존하고 싶지 않은 만큼 직업의 성공에도 의존하고 싶지 않았어요. 제가 원하는 것은 자유였으니까요." 샐리는 그렇게 말했다.

　샐리는 어떻게 자유를 얻었을까? 우연히 골로새서 3장을 보았는데 사도 바울이 한 이 말이 나왔다. "너희 생명이 그리스도와 함께 하나님 안에 감추어졌음이라 우리 생명이신 그리스도께서 나타나실 그때에 너희도 그와 함께 영광 중에 나타나리라"(3-4절). 그녀는 남자나 직업이나 그 무엇도 자기 '생명'이나 정체성이 되어서는 안 됨을 깨달았다. 중요한 것은 남자의 시선이나 직업의 성공이 아니라 그리스도가 해 주신 일과 그녀를 향한 그분의 사랑이었다.

그래서 남자가 관심을 보일 때면 그녀는 속으로 이렇게 말했다. '당신은 훌륭한 남자일 수 있고 어쩌면 내 남편이 될지도 모르지만 결코 내 생명일 수는 없어. 그리스도만이 내 생명이시지.' 그러는 사이에 그녀도 레아처럼 삶을 되찾았다. 이 영적 훈련 덕분에 샐리는 선을 그어 현명한 선택을 내릴 수 있었고, 남자를 이용해 자아상을 살리는 게 아니라 결국 한 남자를 그 자체로 사랑하게 되었다.

우리도 본연의 삶을 살아가려면 모두 그녀가 답했던 질문에 답해야 한다. 내가 바라볼 대상 중 모든 가짜 신을 능히 물리치게 할 만큼 아름다운 분은 누구인가?

이 질문의 답은 하나뿐이다. 시인 조지 허버트는 십자가의 예수님을 바라보며 이렇게 썼다. "내 사랑스러운 주여, 주님만이 내 생명이요 빛이요 아름다움입니다."[15]

Counterfeit Gods

3

내가 만든 신 —— 돈

풍족한 소유와 소비로도
영혼의 헐벗음은 면치 못한다

2005년에 투자금융사 크레디트 스위스(Credit Suisse)는 리조트를 대상으로 파격적 대출을 추진했다. 대출자에게 즉각 개인 이익을 주고 투자 기관에는 높은 수익률을 제공하는 상품이었다. 그러자 옐로우스톤 클럽(Yellowstone Club)의 설립자이자 최대 주주는 3억 7500만 달러를 대출했다. 이 클럽은 부유층이 주 고객인 몬태나 산지의 사설 스키 리조트였다. 대출 계약에 따라 2억 900만 달러가 즉시 그의 개인 계좌로 들어갔다.

크레디트 스위스는 대출자의 상환 능력을 거의 평가하지 않았다. 대출채권담보부증권(CLO)에 끼워 파는 상품이다 보니 자사의 돈은 위험하지 않았기 때문이다. 모든 잠재적 문제는 연금기금 같은 투자 기관에 전가되었는데, 이런 기관이 매입하는 대출상품의 위험을 매도인은 턱없이 과소평가했다. 2002년부터 2006년까지 크레디트 스위스는 이런 식으로 6개 리조트와 계약해 총 대출액이 30억 달러에 육박했다.

그러나 2007년에 옐로우스톤 클럽은 심각한 재정난에 빠졌다. 평소에 관리도 부실했던 데다 크레디트 스위스에 납부하는 거액의 대출 상환금이 상황을 더욱 악화시켰다. 불황이 닥쳐 부동산 가치가 하락하자 클럽은 파산을 신청했다. 우선변제권을 가진 크레디트 스위스는 클럽의 명맥만이라도 살려 두려고 임시적인 자금 변통 방안을 제의했으나 그러면 수백 명의 직원이 일자리를 잃어야 했다. 몬태나의 여러 소읍에 사는 상인과 웨이트리스와 정원사와 리프트 운행 요원은 심한 경제적 타격을 입을 판이었고 달리 취업할 데도 거의 없었다.

다행히 몬태나의 파산 전문 재판관이 사건의 핵심을 간파하고 크레디트 스위스와 클럽 소유주의 '노골적 탐욕'과 '약탈적 대출'을 맹비난했다. 자기 배만 불리고 모든 위험과 결과는 현지의 노동자 계급에 떠넘겼기 때문이다. 그는 크레디트 스위스의 우선변제권을 박탈했는데, 이는 파산법정에서 보기 힘든 일이었다. 현명한 판결 덕분에 다른 구매자가 클럽을 매입할 수 있었고, 다행히 많은 사람의

일자리가 보전되었다.[1]

어느 기자는 이 사건을 보도하면서 "경제적 시대사조"의 단적인 예라 표현했다. 경영진의 연봉은 하늘 높이 치솟고, 사치품의 비중은 늘어나고, 수많은 서민의 노동을 담보로 탐욕스러운 거간꾼만 떼돈을 벌고, 급증하는 빚은 다들 나 몰라라 한다. 이 모두가 우리 사회의 심각한 변화를 보여 준다. 폴 크루그먼은 이런 달라진 풍조에 대해 이렇게 썼다.

> 이것을 노른자 땅의 시가 상승처럼 시장 동향으로 봐서는 안 되고 1960년대의 성혁명에 더 가까운 것으로 봐야 한다. 기존의 구속(拘束)이 느슨해지면서 새로 등장한 자유방임인데 이 경우는 성적 방임이 아니라 재정적 방임일 뿐이다. 존 케네스 갤브레이스가 기술한 1967년의 정직한 경영진은 그야말로 "바로 옆에 예쁜 여자가 벌거벗고 한가로이 있어도 이를 피한다. …… 경영진은 굳이 악착같이 자기 보상을 스스로 챙기지 않는다." 그러나 1990년대 말에는 "느낌만 좋다면 얼마든지 하라"가 경영진의 구호로 손색이 없을 것이다.[2]

자기 탐욕은 보이지 않는 법

어네스트 베커는 우리 문화가 섹스와 로맨스로 하나님을 대체할 거라고 썼다. 그런데 그보다 먼저 프리드리히 니체는 다른 이론을 내놓았다. 그는 서구 문화에 하나님의 부재가 확산되면서 돈이 하나님을 대체하리라 봤다.

> 어떤 사람은 왜 거짓된 저울추를 쓰고, 다른 사람은 왜 시가 이상의 보험을 든 뒤 자기 집에 불을 지르는가? 상류층의 4명 중 3명이 합법적 사기를 일삼는 이유는 무엇인가? …… 이 모두는 무엇에서 비롯되는가? 정말 무엇이 부족해서는 아니다. 그들의 생존은 전혀 위태롭지 않다. …… 그들을 밤낮 충동질하는 것은 재산이 불어나는 속도가 너무 더딘 것에 대한 지독한 조바심이고, 돈더미에 대한 지독한 동경과 애착이다. …… 전에는 '하나님을 사랑해서' 하던 일을 이제는 돈이 좋아서 한다. 돈만 있으면 당장 권력이 피부로 느껴지고 떳떳한 양심도 지킬 수 있기 때문이다.[3]

요컨대 니체는 서구 문화에서 돈이 주된 우상이 되리

라는 것을 예언한 셈이다. 수많은 작가와 사상가가 지적했 듯이 '탐욕의 문화'는 우리 영혼을 갉아먹고 경제를 붕괴시 켰다. 그런데 이런 변화가 자신의 턱밑까지 와 있다고 생 각하는 사람은 아무도 없다. 왜 그럴까? 자기 탐욕은 특히 잘 보이지 않기 때문이다.

몇 해 전에 나는 남성 조찬회에서 7대 죄악을 주제로 일곱 차례에 걸쳐 시리즈 강연을 한 적이 있다. 내 아내 캐 시는 내게 "장담컨대 탐욕을 다루는 날 참석자 수가 가장 적을 거예요"라고 말했다. 그 말이 맞았다. '정욕'과 '분노' 와 심지어 '교만'을 다룰 때도 장내는 만원이었다. 그러나 자신에게 탐욕이 있다고 생각하는 사람은 아무도 없다.

목사이다 보니 여태 사람들이 나를 찾아와 털어놓은 죄의 고민도 가지가지다. 죄라는 죄는 거의 다 있다. 하지 만 이렇게 말한 사람은 한 사람도 떠올릴 수 없다. "제 자 신에게 돈을 너무 많이 씁니다. 지나친 돈 욕심이 제 영혼 과 가정과 주변 사람에게 해를 끼치는 것 같습니다." 탐심 은 피해자에게 자신을 숨긴다. 물신(物神)의 행동 수칙 중 하나는 스스로 자기 마음을 보지 못하도록 눈멀게 만드는 것이다.

탐욕에 사로잡힌 사람은 왜 그것을 보지 못할까? 돈이라는 가짜 신은 강력한 사회적, 심리적 역동을 동원한다. 인간은 누구나 특정한 사회경제적 계층에 속한다. 일단 특정 지역에 거주하며 그곳 학교에 자녀를 보내고 그곳의 사교 생활에 낄 만한 형편이 되면, 주변에 당신보다 돈 많은 사람이 자꾸 눈에 띌 것이다. 당신의 비교 대상은 그 계층의 사람이다.

인간의 마음은 항상 자신을 정당화하려 하는데 이거야말로 가장 쉬운 방법 중 하나다. 그래서 당신은 "나는 아무개만큼 잘 살지 못합니다. 그들에 비하면 내 재산은 미미한 편입니다"라고 말한다. 아무리 풍족하게 살고 있어도 그런 식의 논리로 사고할 수 있다. 그 결과 대부분의 미국인은 중산층으로 자처하며, 스스로 상류층이라 여기는 사람은 2퍼센트에 불과하다.[4] 그러나 나머지 세상은 속지 않는다. 다른 나라 사람이 미국에 오면 극에 달한 물질적 안락에 기겁한다. 그런데도 대다수 미국인은 그 정도는 필수라 여긴다.

예수님은 섹스보다 탐심을 훨씬 자주 경고하셨다. 그런데도 자신에게 이 죄가 있다고 생각하는 사람은 거의 없다. 그래서 우리는 다 '이것이 얼마든지 내 문제일 수 있다'라는 가정 하에 시작해야 한다. 탐욕이 워낙 꼭꼭 숨는 만큼 아무도 이것이 내 문제는 아니라고 자신해서는 안 된다. 어떻게 하면 우리를 눈멀게 하는 돈의 위력을 알아차리고 거기서 해방될 수 있을까?

돈과 다른 모든 걸 맞바꾼 인생

예수께서 여리고로 들어가 지나가시더라 삭개오라
이름하는 자가 있으니 세리장이요 또한 부자라(눅 19:1-2).

간결하지만 뼈 있는 필치로 누가복음에 삭개오가 소개된다. 그는 동네에서 경원시되던 '세리'였다. 당시 이스라엘은 제국 점령군의 지배를 받던 식민 국가였다. 점령국 로마는 모든 식민지에 가혹한 세금을 부과해 현지의 부와 자본을 대부분 로마와 로마 시민에게로 이동시켰다.

그 결과 식민 사회는 빈곤해져 계속 속국으로 남을 수밖에 없었다. 이스라엘에서 호의호식한 사람은 종주국의 로마인과 자국의 부역자인 세리뿐이었다. 조세제도의 실무를 맡은 세리는 상부의 로마인을 대신해 지역별로 소득세를 징수하던 관리였는데 모든 사람에게 멸시를 받았다. 삭개오도 사람들에게 '죄인'으로 불렸다(7절 참조). 배신자나 쓰레기라는 뜻이었다.

  이들 관리가 어떤 취급을 받았는지 감을 잡으려면 2차세계대전 당시 나치 치하에서 자국민을 압제한 부역자들이 어떻게 인식되었는지 생각해 보라. 도심의 수많은 약자를 중독에 빠뜨려 돈방석에 앉는 마약왕을 생각해 보라. 회사를 사서 일부러 파산시키거나 서민에게 갚지도 못할 융자를 주어 자기만 거부가 되는 현대의 악덕 자본가를 생각해 보라. 이 정도면 당시에 세리의 입지가 어땠을지 이해가 될 것이다.

  세리는 왜 그런 직업을 택했을까? 무엇에 매혹되었기에 가족과 나라를 배신하고 사회의 천민으로 살았을까? 답은 돈이다. 로마가 세리에게 제시한 보상은 물리치기 힘들 정도였다. 군사력을 등에 업은 세리는 정부에 바치기로 약정된 액수보다 훨씬 많은 돈을 동족 유대인에게 요구해도 되었다. 요즘 말로 세금 수탈이라 하는데 여간 수지

맞는 일이 아니었다. 세리는 그 사회에서 가장 부자이면서 가장 미움받던 부류였다.

누가가 삭개오에게 우리 시선을 집중시키는 이유 중 하나는 그가 보통 세리가 아니기 때문이다. 삭개오는 세리장이었다(2절 참조, 헬라어 '아르키텔로네스'를 직역하면 우두머리 세리다). 그가 큰 세관이 있던 여리고에서 산 것도 놀랄 일은 아니다. 지부 전체의 우두머리로서 그는 가장 부자이면서 가장 미운털이 박혔을 것이다. 그 당시는 지금과 달라서 과시적 소비나 부의 탐닉에 오명이 따라붙었지만 그는 그것도 개의치 않았다. 그저 돈을 얻으려고 다른 것을 다 희생했다.

불안과 욕심을 통해 지배하다

바울은 탐심이 우상숭배라고 지적했다(골 3:5; 엡 5:5 참조). 누가도 복음서에서 똑같이 가르친다.[5] 누가복음 12장 15절에서 예수님은 청중에게 "삼가 모든 탐심을 물리치라 사람의 생명이 그 소유의 넉넉한 데 있지 아니하니라"라고 말씀하셨다. 11장과 12장의 전후 문맥을 보면 재물 때문에 염려하지 말라는 그분의 경고가 나온다. 예수님이 말씀하신 탐심이란 돈을 사랑하는 마음만이 아니라 돈에 대한 과도한 염려이기도 하다.

그분은 우리 감정이 통장 잔고에 맥없이 좌우되는 이유를 이렇게 설명하신다. "사람의 생명이 그 소유의 넉넉한 데 있지 아니하니라." 생명이 재물에 '있다면' 당신을 규정하는 것은 소유와 소비다. 이 단어는 사람의 정체성이 돈에 달려 있다는 의미다. 재물을 잃으면 '자아'가 남지 않는 사람이 이에 해당한다. 인간 가치가 재물의 가치에 달려 있기 때문이다. 나중에 예수님은 단도직입적으로 탐심의 정체를 밝히신다.

> 집 하인이 두 주인을 섬길 수 없나니 혹 이를 미워하고 저를 사랑하거나 혹 이를 중히 여기고 저를 경히 여길 것임이니라 너희는 하나님과 재물을 겸하여 섬길 수 없느니라 바리새인들은 돈을 좋아하는 자들이라 이 모든 것을 듣고 비웃거늘 예수께서 이르시되 너희는 사람 앞에서 스스로 옳다 하는 자들이나 너희 마음을 하나님께서 아시나니 사람 중에 높임을 받는 그것은

하나님 앞에 미움을 받는 것이니라(눅 16:13-15).

예수님은 우상숭배에 대한 성경의 기본 은유를 모두 가져다 탐심과 돈에 적용하신다. 성경에 따르면 숭배자가 우상을 상대로 하는 일은 세 가지다. 우상을 사랑하고, 우상을 신뢰하고, 우상에 순종한다.[6] '돈을 사랑하는 사람'은 새로 돈을 벌 방법과 새로 사들일 소유물에 대한 공상과 몽상을 일삼고, 자기보다 많이 가진 자들을 질시의 눈으로 바라본다. '돈을 신뢰하는 사람'은 재물 덕분에 자신이 안전과 안정을 얻었고 삶을 스스로 통제한다고 느낀다.

나아가 우상을 숭배하면 '돈의 종'이 된다. 세상의 왕이나 상전을 섬기듯 우상에게 '자기 영혼을 파는' 것이다. 거기서 의미(우상을 사랑함으로)와 안전(우상을 신뢰함으로)을 얻어야 하니 우상이 있어야만 하고, 따라서 우상을 섬길 수밖에 없다. 사실상 순종한다는 뜻이다. 예수님이 재물에 대해 쓰신 '섬기다'라는 단어는 엄숙히 서약하고 왕을 섬긴다는 의미다.

돈을 위해 살면 당신은 종이다. 그러나 하나님이 삶의 중심이 되시면 돈은 왕위에서 밀려나 강등된다. 당신의 정체성과 안전이 하나님께 있으면 돈이 염려와 욕심을 통해 당신을 지배할 수 없다. 이것 아니면 저것, 둘 중 하나다. 하나님을 섬기지 않으면 맘몬의 노예가 되기 쉽다.

노예가 되었다는 가장 명백한 증거로, 탐욕에 빠진 사람은 눈이 멀어 자신의 물질주의가 보이지 않는다. 누가복음 12장에 예수님이 하신 말씀을 잘 보라. "삼가 모든 탐심을 물리치라"(15절). 이것은 주목할 만한 말씀이다. 성경에 경고되어 있는 간음이라는 다른 전통적 죄를 생각해 보라. 예수님은 "삼가 간음을 물리치라"라고는 하지 않으신다. 그러실 필요가 없다. 남의 배우자와 동침하면 본인이 안다. 중간쯤에 "어, 잠깐만! 간음인 것 같은데!"라고 말하지 않는다. 처음부터 간음인 걸 안다. 그런데 세상에 탐욕과 물질주의가 분명히 만연해 있는데도 그게 자기 모습이라고 생각하는 사람은 거의 없다. 다들 부정하기 때문이다.

이래도 우리는 삭개오를 보며 이렇게 말할 수 있을까? "그는 어떻게 그 많은 사람을 배신하고 해 끼칠 수 있었을까? 어떻게 세간의 미움까지도 마다하지 않았을까? 어찌 그리 돈에 눈이 멀어 온갖 일을 저지르며 살았을까?"

삭개오는 예수님이 누가복음 전체에서 가르치신 교훈의 한 예에 불과하다. 돈은 가장 보편적인 가짜 신이다. 돈에 마음을 빼앗기면 눈이 멀어 눈앞에 벌어지는 일도 보이지 않는다. 불안과 욕심을 통해 돈이 당신을 지배한다. 다른 모든 것보다 돈을 앞세우게 된다.

은혜로 받는 구원

> 그가 예수께서 어떠한 사람인가 하여 보고자 하되
> 키가 작고 사람이 많아 할 수 없어 앞으로 달려가서
> 보기 위하여 돌무화과나무에 올라가니 이는 예수께서
> 그리로 지나가시게 됨이러라 예수께서 그곳에 이르사
> 쳐다보시고 이르시되 삭개오야 속히 내려오라 내가 오늘
> 네 집에 유하여야 하겠다 하시니 급히 내려와 즐거워하며
> 영접하거늘 뭇사람이 보고 수군거려 이르되
> 저가 죄인의 집에 유하러 들어갔도다 하더라 (눅 19:3-7).

삭개오가 키가 작긴 했지만 그렇다고 길에서 키 큰

사람들의 앞쪽에 설 수 없었던 이유는 무엇일까? 당연히 사람들이 자리를 내주지 않았을 것이다. 그래서 삭개오는 뜻밖의 행동을 했다. 나무에 올라간 것이다. 이 행동의 의미를 알아야 한다. 전통문화에서 중요한 것은 자유와 권리가 아니라 명예와 품위였다. 성인 남자가 나무에 올라간다는 것은 엄청난 조롱거리가 될 일이었다. 특히 삭개오는 이미 멸시의 대상인 데다 키까지 작았으므로 체통 있게 처신하려고 각별히 조심할 만도 했다.

그런데 왜 그랬을까? 누가의 말대로 그는 "예수께서 어떠한 사람인가 하여 보고자" 했다. 삭개오는 간절히 예수님을 만나 보고 싶었다. 간절하다는 말도 너무 약할 수 있다. 선뜻 나무까지 올라간 것을 보면 차라리 필사적인 마음에 가까웠다.

예수님이 와서 보시니 군중은 주로 점잖고 종교적인 사람들로서 다들 자신이 창녀와 세리보다 낫다고 여겼다 (눅 19:7; 마 21:31 참조). 예수님은 그중 아무에게도 말을 걸지 않으시고 전체 무리에서 가장 악명 높은 '죄인'을 지목하셨다. 삭개오는 세리 중에서도 우두머리였으니 정말 최악이었다. 그런데 그분은 아주 도덕적인 무리의 면전에서 이 사람을 대화 상대로만 아니라 식사 상대로까지 택하셨다. 그 문화에서 음식을 함께 먹는다는 것은 친구가 된다는 뜻이었다. 모두들 못마땅해했으나 예수님은 개의치 않으셨다. 예수님이 "삭개오야, 나는 이들의 집이 아니라 네 집으로 가고 싶다"라고 말씀하시니 삭개오는 기뻐서 그분을 집으로 맞아들였다.

단순한 교감이었지만 우리에게 이보다 더 교훈적일 수는 없다. 삭개오는 예수님께 다가갈 때 교만하지 않고 겸손했다. 체통과 부를 내세운 게 아니라 삶의 지위를 내려놓고 조롱까지 감수하며 그분을 뵙고자 했다. 결국은 삭개오가 예수님을 자신의 삶 속에 청한 게 아니라 예수님이 삭개오를 그분의 삶 속에 청하셨다.

호탕하게 웃으시며 이렇게 말씀하시는 목소리가 귀에 들리는 듯하다. "삭개오야! 그래, 너다! 오늘 내가 네 집에 가야겠다!" 예수님도 아셨듯이 그분의 이런 행동은 무리에게 터무니없어 보였고, 그들이 알던 종교에 완전히 어긋났으며, 나무 위의 키 작은 삭개오에게도 충격적인 일이었다.

예수님은 무리 중에서 가장 부도덕한 삭개오를 택해 인격적 관계를 맺고자 하셨고, 이를 본 삭개오의 영적 관점은 그때부터 변했다. 처음부터 의식 속에 명확히 알지는 못했겠지만 하나님의 구원이 도덕적 성취나 행위로 말미암지 않고 은혜로 말미암음을 깨닫기 시작한 것이다. 이 깨달음이 번갯불처럼 삭개오를 관통하자 그는 즐거워하며 예수님을 영접했다.

헌금은 얼마나 내야 하나요

> 삭개오가 서서 주께 여짜오되 주여 보시옵소서 내 소유의 절반을 가난한 자들에게 주겠사오며 만일 누구의 것을 속여 빼앗은 일이 있으면 네 갑절이나 갚겠나이다 예수께서 이르시되 오늘 구원이 이 집에 이르렀으니 이 사람도 아브라함의 자손임이로다 인자가 온 것은 잃어버린 자를 찾아 구원하려 함이니라(눅 19:8-10).

삭개오는 예수님을 따르고 싶었는데 그러자면 돈이 문제가 됨을 즉시 깨달았다. 그래서 두 가지 예사롭지 않은 약속을 했다.

우선 소득의 50퍼센트를 가난한 자들에게 주기로 약속했다. 이는 모세 율법에 규정된 십일조를 훨씬 웃도는 수준이다. 삭개오도 다 알고 한 선언이었다. 마음이 변화되었기 때문이다. 지금 우리는 소득의 10퍼센트만 구호기관에 기부해도 엄청난 액수처럼 보인다. 부자들은 그보다 훨씬 많이 내도 여전히 안락하게 살 수 있는데 말이다. 그러나 삭개오는 구원이 율법으로 말미암지 않고 은혜로 주어짐을 알았다. 이제 그의 취지는 단지 율법 조항대로 사는 게 아니었다. 삭개오는 그 이상을 하고 싶었다.

사람들은 종종 목사인 나를 찾아와 연 소득의 10퍼센트를 헌금하는 '십일조'에 대해 묻는다. 그들의 지적대로 구약에는 신자들이 10퍼센트를 드려야 한다는 명백한 명령이 많이 나오지만 신약에는 헌금에 대한 구체적이고 수량적인 규정이 그만큼 뚜렷하지 않다. 그래서 그들은 "신약 시대인 지금도 신자들이 무조건 10퍼센트를 헌금해야 하는 건 아니지요?"라고 묻곤 한다. 내가 그렇다고 고개를 끄덕이면 그들은 안도의 한숨을 내쉰다.

하지만 나는 재빨리 이렇게 덧붙인다. "신약에 십일조 규정이 명확히 나와 있지 않은 이유를 말씀드리지요.

생각해 보십시오. 우리가 받은 하나님의 계시와 진리와 은혜가 구약의 신자들보다 많습니까, 적습니까?" 대개 여기서 불편한 침묵이 흐른다. "우리가 그들보다 은혜의 빚을 더 졌습니까, 덜 졌습니까? 예수님은 우리를 구원하려고 자신의 목숨과 피를 10분의 1만 주셨습니까, 다 주셨습니까?" 기독교 신자에게 십일조란 최소한의 기준이다. 구약의 신자는 하나님이 그들을 구원하려고 행하신 일을 우리보다 훨씬 적게 알았다. 그런 그들보다 우리 헌금 비율이 낮아서야 결코 안 될 일이다.

삭개오의 두 번째 약속은 구호나 자비보다는 정의와 관계된 것이었다. 그는 여태 속임수로 큰돈을 벌었다. 많은 이로부터 세금을 과잉 징수했다. 모세 율법에 이에 대한 조항도 나와 있다. 레위기 5장 16절과 민수기 5장 7절 규정에 따르면 물건을 훔친 사람은 20퍼센트의 이자를 덧붙여 갚도록 되어 있었다. 그런데 삭개오는 그보다 훨씬 많게 착취 금액의 "네 갑절이나"(눅 19:8) 갚고자 했다. 300퍼센트의 이자였다.

이런 약속을 들으신 예수님은 "구원이 이 집에 이르렀으니"(9절)라고 답하셨다. 보다시피 그분은 '네가 그렇게 살면 구원이 이 집에 이를 것이니'라고 하지 않으셨다. 구원은 이미 이르렀다. 하나님의 구원은 변화된 삶의 결과로 오는 게 아니다. 변화된 삶이 구원의 결과이며, 구원은 값없이 주시는 선물이다.

삭개오의 마음과 삶이 새롭게 변화된 것도 이 때문이다. 구원이 만일 도덕규범을 준수해 얻어 내는 것이었다면 그의 질문은 '얼마나 드려야만 될까?'였을 것이다. 그러나 이런 약속이 후하고 아낌없는 은혜에 대한 반응이었기에 그의 질문은 '얼마나 드릴 수 있을까?'였다. 그는 자신이 재정적으로 부유했지만 영적으로는 파산 상태임을 깨달았다. 그런 그에게 예수님은 영적 부요를 값없이 쏟아부어 주셨다. 가난한 이들을 착취하던 그가 정의의 옹호자로 변했다. 주변 사람을 희생시켜 부를 축적하던 삭개오가 자기 부를 희생해 남을 섬기는 사람이 되었다. 왜 그랬을까?

삭개오의 구주였던 돈이 예수님으로 대체되었기 때문이다. 그래서 이제 돈은 단지 그것, 즉 돈의 자리로 돌아갔다. 선을 행하고 사람을 섬기는 도구가 된 것이다. 그리스도가 정체성과 안전의 근원이 되시니 이제 그에게 많은 돈은 필요하지 않았다. 하나님의 은혜는 재물에 대한 삭개오의 태도를 변화시켰다.

이면에 도사리는 근원적 우상

가짜 신은 덩어리져 있어서 그만큼 우상숭배의 심리적 구조가 복잡해진다. 삭개오의 마음이 변화된 이치를 알려면 그 점을 감안해야 한다. 우리가 섬기는 '표면적 우상'은 더 구체적이고 눈에 잘 띄지만, 숨겨진 마음속에는 '근원적 우상'이 도사리고 있다.[7]

우리 마음의 죄성은 동기적 욕구에 영향을 미쳐서 그것을 우상숭배로 변질시킨다. 바로 이것이 '근원적 우상'이다. 어떤 이에게는 영향력과 권력에 대한 갈망이 강한 반면, 어떤 이는 인정과 좋은 평가에 더 감격한다. 정서적, 신체적 안락을 무엇보다 더 원하는 이가 있는가 하면 환경에 대한 통제와 안전을 원하는 이도 있다. 권력이 근원적 우상인 사람은 영향력만 얻을 수 있다면 인기를 잃는 것쯤이야 개의치 않는다. 반대로 인정이 최고의 동기적 욕구인 사람은 만인의 호감을 살 수만 있다면 권력과 통제권쯤 기꺼이 내놓는다. 각각의 근원적 우상, 권력, 인정, 안락, 통제에서 서로 다른 일련의 두려움과 희망이 싹튼다.

'표면적 우상'은 근원적 우상이 자신을 충족시키려는 통로로서 돈, 배우자, 자녀 등에 해당한다. 우리는 우상의 구조를 피상적으로만 분석할 때가 많다. 예컨대 돈은 더 깊은 충동을 채우기 위한 표면적 우상일 수 있다. 어떤 사람은 자기 삶과 세상을 통제하는 수단으로써 많은 돈을 원한다. 이들은 대개 돈을 많이 쓰지 않고 아주 검소하게 살아간다. 안전하게 다 저축하고 투자해 둔다. 그래야 세상이 철저히 안전하게 느껴지기 때문이다. 어떤 사람은 인맥을 쌓거나 미모와 매력을 가꾸려고 돈을 원한다. 이들은 아낌없이 자신에게 돈을 쓴다. 그런가 하면 돈에 딸려 오는 엄청난 권력으로 남을 지배할 수 있기 때문에 돈을 원하는 사람도 있다. 모두 돈이 우상인 경우지만, 근원적 우상이 다르니 거기서 비롯되는 행동 양식도 아주 다르다.

돈을 이용해 통제라는 근원적 우상을 섬기는 사람은 돈으로 권력이나 인정을 얻으려는 이들에게 우월감을 느낄 때가 많다. 그러나 어느 경우든 돈을 우상으로 숭배하면 삶이 예속되고 뒤틀어진다.

우리 교회의 한 목사가 어느 부부를 상담한 적이 있

는데 그들은 돈 관리 문제로 심한 갈등을 겪고 있었다. 아내는 남편을 구두쇠로 여겼다. 하루는 남편이 그 목사와 일대일로 대화하던 중에 자기 아내의 낭비벽이 심하다고 불평했다. "정말 이기적입니다. 옷과 외모 단장에 돈을 엄청나게 쓰거든요!" 남에게 예뻐 보이려는 욕구가 아내의 돈 씀씀이에 영향을 미치고 있는 게 남편의 눈에 똑똑히 보였다.

목사는 그에게 표면적 우상과 근원적 우상의 개념을 알려 줬다. "당신이 전혀 쓰거나 베풀지 않고 일 원 한 푼까지 다 쌓아 두는 것도 똑같이 이기적인 일임을 아십니까? 당신은 지금 안전과 보호와 통제라는 자기 욕구를 채우는 데 무조건 전액을 '쓰고' 있는 것입니다." 그 남편이 분노하지 않고 오히려 충격을 받은 것은 상담자로서 다행이었다. 그는 "그런 생각은 미처 해 보지 못했네요"라고 말했고, 이것은 결혼 생활의 전환점이 되었다.

그래서 우상은 돈이나 섹스 같은 표면적 우상만 없애서는 해결될 수 없다. 표면적 우상을 보며 '내 삶에서 이것을 중시하지 말아야 한다. 여기에 끌려다녀서는 안 된다. 그만두어야 한다'라고 말할 수는 있다. 그러나 그런 직접

적 공략은 효과가 없다. 마음속의 근원적 우상이 처리되어야 하기 때문이다. 마음을 변화시킬 수 있는 길은 하나다. 바로 복음을 믿는 것이다.

날 부요케 하시려 가난해지신 예수

바울은 고린도후서 8-9장에 가난한 이들을 위한 구제 헌금을 당부하면서 자신이 권위 있는 사도임에도 "내가 명령으로 하는 말이 아니요"(고후 8:8)라고 썼다. '너희에게 명령하고 싶지 않다. 그냥 시켜서 하는 헌금이 되지 않았으면 좋겠다'라는 뜻이다. 바울은 무작정 그들의 의지에 부담을 주며 '사도인 내가 시키는 대로 하라'라고 말하지 않았다. 오히려 "너희의 사랑의 진실함"(8절)을 보고 싶다며 이런 유명한 말을 남겼다.

> 우리 주 예수 그리스도의 은혜를 너희가 알거니와
> 부요하신 이로서 너희를 위하여 가난하게 되심은
> 그의 가난함으로 말미암아
> 너희를 부요하게 하려 하심이라(고후 8:9).

신인(神人)이신 예수님께는 무한한 부가 있었으나 그분이 그 부를 버리지 않으셨다면 우리는 영적으로 가난하게 죽었을 것이다. 둘 중 하나였다. 그분이 부요하게 남아 계시면 우리는 가난하게 죽을 것이다. 그분이 가난하게 죽으시면 우리는 부요해질 것이며 죄를 용서받아 하나님의 가족으로 받아들여질 것이다. 바울은 이 교회에 단지 윤리적인 강령을 준 게 아니다. 돈을 그만 사랑하고 더 후해지라고 말한 것이 아니라 복음의 핵심을 제시했다.

바울은 이렇게 말한 것이다. 예수님은 우리를 보배로 삼으시려고 하늘의 모든 보화를 버리셨다. 우리가 그분께 보배로운 백성이기 때문이다(벧전 2:9-10 참조). 우리를 보배로 삼고자 죽으신 그분을 보면 우리도 그분을 보배로 삼을 수밖에 없다. 돈에서 의미와 안전을 찾던 것을 그만두고 자신에게 있는 것으로 남을 돕고 싶어질 것이다. 우리가 복음을 깨닫는 정도만큼 돈은 우리에 대한 지배력을 잃는다. 그분의 값비싼 은혜를 생각하면 결국 우리도 후한 백성으로 변화될 수밖에 없다.

인색함을 해결하려면 복음에 나타난 그리스도의 후하심 쪽으로 방향을 틀어야 한다. 그리스도는 당신에게 그분의 부를 쏟아 주셨다. 이제 당신은 돈 때문에 걱정할 필요가 없다. 하나님이 당신을 돌보시며 안전하게 지켜 주심이 십자가로 입증되었다. 이제 남의 부유함을 시기할 필요도 없다. 예수님의 사랑과 구원은 당신에게 돈으로 얻을 수 없는 놀라운 신분을 부여한다. 돈으로는 비극에서 헤어나거나 혼란스러운 세상을 통제할 수 없다. 그것은 하나님만이 해 주실 수 있는 일이다.

그리스도를 본받으려는 노력을 배가하는 것만으로는 돈의 지배력을 끊을 수 없다. 그보다 그리스도의 구원 곧 그분 안에서 내게 주어진 것을 더 깊이 이해하고, 그 이해에서 비롯되는 마음의 변화를 삶으로 옮겨야 한다. 마음은 당신 사고와 의지와 정서가 머무는 자리다. 복음을 믿으면 우리 동기와 자아상과 정체성과 세계관이 개혁된다. 마음의 철저한 변화 없이 행동으로만 규율에 따르는 것은 잠시 동안의 피상적 변화일 뿐이다.

안다고 해서 뿌리 뽑히지 않는다

앤드루 카네기는 세계 최대의 갑부 중 하나였다. US

철강의 전신인 그의 제철소가 지상 최고의 수익을 올리는 사업체가 되었다. 성공한 지 얼마 안 되던 불과 33세의 나이에 카네기는 자기 내면을 냉정히 성찰하고 "나에게 쓰는 글"이라는 비망록을 작성했다.

> 인간에게는 우상이 있을 수밖에 없는데, 부의 축적은 우상숭배 중에서도 최악에 속한다. 돈을 숭배하는 것보다 사람의 격을 더 떨어뜨리는 우상은 없다. 그러므로 가장 고상한 성품을 길러 줄 삶을 신중히 선택하려면 나는 매사에 혼신의 노력을 기울여야 한다. 지나치게 긴 세월을 사업 걱정에 매달려 최단기간에 돈을 더 벌 생각밖에 모른다면, 영영 회복될 가망조차 없이 저급해질 수밖에 없다. 그래서 나는 서른다섯에 사업에서 손을 뗄 것이며, 앞으로 2년 동안도 오후 시간은 꼭 공부하고 체계적으로 책을 읽으며 보내고 싶다.[8]

놀랍도록 솔직하고 자각이 깊은 글이라서 그의 전기 작가인 조셉 프레지어 윌은 "록펠러나 포드, 모건도 이런 글을 쓰지는 못했을 것이며, 이렇게 쓴 그를 이해하지도 못했을 것이다"라고 평했다.[9] 그러나 자신의 내면을 그토록 꿰뚫어 보았던 카네기도 2년 후에 '사업에서 손을 떼지' 못했고, 우려했던 대로 성품의 격을 떨어뜨리는 결과가 삶 속에 많이 나타났다.

> 카네기는 2,059개의 도서관을 지었지만 …… 제철소의 한 노동자는 인터뷰에서 많은 동료를 대변해 이렇게 말했다. "우리가 그에게 바란 것은 도서관 건축이 아니라 임금 인상입니다." 당시에 노동자들은 12시간 교대 근무를 했는데 바닥이 너무 뜨거워 신발 밑에 나무판을 못질해야 했다. 2주 단위로 살인적인 24시간 근무를 하고도 딱 하루만 쉬었고, 형편상 아무리 좋은 거처를 구해도 혼잡하고 불결했다. 사고나 질병으로 40대나 그 이전에 대부분 목숨을 잃었다.[10]

이 책의 프롤로그에 소개했던 빌은 경기가 침체된 2008-2009년에 큰돈을 날렸는데 그때는 그가 그리스도인이 된 지 3년째 된 해였다. "그리스도인이 되기 전에 그런 일을 당했더라면 나 자신을 혐오하며 다시 술에 빠졌을 것이고 어쩌면 자살했을지도 모른다"라고 그는 말했다. 한때 빌은 돈을 벌어야만 자신이 귀하고 의미 있는 존재라고 느꼈다. 재정 위기 중에도 그렇게 돈과의 영적인 관계가 지속되었다면 자신의 중요성과 의미를 다 잃었을 것이다.[11]

다행히 그의 정체성이 달라져 이제 그 기초가 성공과 풍요에 있지 않고 예수 그리스도의 은혜와 사랑에 근거해 있었다. 그래서 손실에도 불구하고 "솔직히 고백하는데, 내 삶은 지금보다 행복했던 적이 없다"라고 말할 수 있었던 것이다.

앤드루 카네기는 돈이 자기 마음속의 우상임을 알면서도 그것을 뿌리 뽑을 방도를 몰랐다. 우상이란 없앨 수 없고 단지 대체될 수 있을 뿐이다. 부요하신 분이로되 우리를 참으로 부요하게 하시려고 친히 가난해지신 그분이 우리 우상을 밀어내고 그 자리를 대신 차지하셔야 한다.

Counterfeit
Gods

4

내가 만든 신 —— 성취

그 어떤 성공신화도
'인간의 한계'를 넘을 수 없다

팝의 전설 마돈나는 성공의 유혹을 이렇게 표현했다.

나는 엄청난 의지의 소유자이지만, 여태껏 내 모든 의지는 늘 끔찍한 열등감을 극복하는 데 있었다. …… 열등감의 주문(呪文)을 깨면 당장은 특별한 사람이 되지만 다시 무대에 서면 내가 평범하고 재미없어 보인다. …… 늘 그 반복이다. 내 삶의 동력은 평범함에 대한 아찔한 두려움에서 온다. 그것이 늘 나를 몰아가고 또 몰아간다. 이미 대단한 존재가 되었음에도 여전히 내가 대단한 존재임을 증명해야 하기 때문이다. 내 고뇌는 끝난 적이 없으며 아마 영영 끝나지 않을 것이다.[1]

마돈나에게 성공이란 자신의 중요성과 가치를 느끼게 해 주는 마약과 같다. 그런데 도취감이 금방 사라져 다시 복용해야 한다. 자꾸만 자신을 증명해야 한다. 배후의 동기적 욕구는 기쁨이 아니라 두려움이다.

영화 〈불의 전차〉(Chariots of Fire)의 한 주인공도 동일한 철학을 생생하게 표현했다. 올림픽 단거리 주자인 그는 왜 달리느냐는 질문에, 좋아서 달리는 게 아니라 "중독자라서 그렇다"라고 답했다. 나중에 올림픽 100미터 종목에 출전하기 전에 그는 이렇게 탄식했다. "만족이라니! 내 나이 스물넷이 되도록 만족해 본 적이 없다. 끝없이 추구하면서도 무엇을 뒤쫓는지조차 모르겠다. …… 눈을 들어 1.2미터 너비의 저 트랙만 노려볼 것이다. 외로운 10초로 내 모든 존재의 정당성을 입증해야 하는데……. 과연 잘될까?"[2]

영화감독 시드니 폴락이 죽기 얼마 전에 나온 한 기사에 따르면, 그는 속도를 늦춰 사랑하는 이들과 함께 생의 말년을 누릴 줄을 몰랐다. 건강도 좋지 않은 데다 영화를 제작하는 과정이 고역스러워 진이 빠지는데도 '그는 일을 멈추면 자기 존재의 정당성을 입증할 수 없었다.' 그 자신은 이렇게 설명했다. "영화 한 편을 끝낼 때마다 당연히 할 일을 했다는 기분이 든다. 한두 해 더 연명할 자격을 얻었다는 의미에서 말이다."[3] 하지만 그리고 나면 다시 시작해야 했다.

고위층 경영진을 상대하는 상담자 메리 벨은 "성취는 우리 시대의 술이다"라고 말했다. 그녀의 말은 이렇게 이어진다.

> 요즘 최고의 실력자들이 남용하는 것은 술이 아니라
> 자신의 인생이다. …… 성공했으니 좋은 일이 벌어진다.
> 프로젝트를 마치면 하늘이라도 날 듯한 기분이다.
> 하지만 그 감정은 영원하지 못해서 당신은 다시 보통으로
> 돌아간다. 그래서 '새로운 프로젝트를 시작해야겠다'라는
> 생각이 든다. 그래 봐야 또 보통이지만 그래도 행복감이
> 좋으니 또 취해야 한다. 문제는 그 도취감이 오래가지
> 않는다는 것이다. 계약을 따내려 했는데 승인이 나지
> 않았다고 하자. 당신의 자존감이 위태로워진다. 여태껏
> 자기 가치를 외부에서 얻었기 때문이다. 이런 주기가
> 반복되면 결국 고통의 단계로까지 떨어지는 일이 자꾸
> 더 잦아진다. 도취감도 별로 황홀하게 느껴지지 않는다.
> 저번에 무산됐던 것보다 더 큰 계약을 따낸다 해도 왠지
> 행복감이 뒤따르지 않는다. 다음에는 아예 보통으로

돌아갈 겨를도 없다. 다음번 계약을 성사시키려고 아주 혈안이 되기 때문이다. …… '성취 중독자'도 나머지 모든 부류의 중독자와 다를 바 없다.[4]

결국 성취는 다음과 같은 중대한 질문에 제대로 답해 주지 못한다. '나는 누구인가? 내 진정한 가치는 무엇인가? 죽음을 어떻게 맞이할 것인가?' 성취는 처음에만 신기루 같은 답을 내놓는다. 처음에는 행복감이 확 밀려들어 마치 우리가 성공했고, 안으로 들어갔고, 수용되었고, 자신을 증명한 것처럼 느껴진다. 하지만 이 만족감은 금세 사라진다.

당신의 한계를 인정하는가

개인적 성공과 성취는 여느 우상보다 더 우리에게 자신이 신이라는 느낌을 준다. 내 안전과 가치는 나 자신의 지혜와 힘과 행위에 달려 있다는 것이다. 일을 가장 잘해내면, 이는 당신 같은 이가 아무도 없다는 뜻이다. 성공해 정상에 오르면 당신이 최고다.

성공을 우상으로 삼았다는 한 가지 징후는 성공이 가져다주는 거짓된 안전감이다. 가난한 이들과 소외층은 고생을 그러려니 하며 인생살이가 '고달프고 냉혹하고 덧없다'라는 것을 안다. 그러나 성공한 사람은 역경에 훨씬 더 충격을 받고 아연실색한다. 내가 목사로서 자주 듣는 말인데 상류층 사람은 비극이 닥치면 "삶이 이래서는 안 된다"라고 말한다. 목회를 오래 했어도 노동자 계급과 빈민층에서는 그런 말을 들어 본 적이 없다. 거짓된 안전감은 자기 성취를 신격화해 그것이 삶의 역경으로부터 자신을 안전하게 지켜 주기를 바라는 데서 비롯된다. 하지만 우리를 그렇게 지켜 주실 수 있는 분은 하나님뿐이다.

성취를 우상으로 삼은 사람의 또 다른 징후는 자신을 왜곡해서 본다는 것이다. 한 인간의 가치가 성취에 근거하면 자기 능력을 보는 눈이 부풀려질 수 있다. 이전에 어느 기자에게서 들은 이야기인데, 그녀는 성공 가도를 달리던 한 부유한 사업가와 함께 만찬회에 참석했다. 저녁 내내 그가 대화를 주도했는데, 기자가 보니 그의 유일한 전문 분야인 경제와 금융에 대한 언급은 거의 없었다. 실내 장식, 남녀 공학이 아닌 학교, 철학 등에 대해 열변을 토할 때도 그는 마치 자신이 박식하고 권위를 가진 듯 행동했다.

성공이 그냥 성공으로 끝나지 않고 당신의 가치와 중요성의 척도가 되면, 삶의 어느 한 제한된 분야에서 성취했다는 이유로 모든 분야의 전문가로 자처하게 된다. 그것이 온갖 잘못된 선택과 결정을 낳음은 물론이다. 이렇게 자신을 보는 눈이 왜곡되면 현실을 보는 눈마저 멀게 된다. 이는 성경에 나와 있듯이 우상숭배에 매번 수반되는 결과다(시 135:15-18; 겔 36:22-36 참조).[5]

그러나 성공을 우상으로 떠받드는 사람의 주된 징후는 따로 있다. 자기 분야에서 정상을 지키지 못하면 삶에 대한 자신감을 잃는다는 것이다. 크리스 에버트는 1970-1980년대의 정상급 테니스 선수였다. 그녀의 통산 승률은 역사상 모든 단식 선수를 통틀어 최고였다. 그런데 은퇴를 고려할 즈음 그녀는 망연자실해 어느 인터뷰에서 이렇게 말했다.

> 테니스를 떠나서는 내가 누구이며 무엇이 될 것인지 막막했습니다. 테니스 챔피언이라는 신분이 내 삶을

규정해 왔던 터라 우울하고 두려웠습니다. 완전히 길을 잃었지요. 경기에 승리하면 내가 대단한 존재로 느껴져 기분이 좋았어요. 마약 중독과 비슷했어요. 내 정체성을 얻으려면 승리와 박수갈채가 필요했습니다.[6]

내 친구 하나는 자기 분야에서 정상에 올랐으나 처방약에 중독되어 부득이 직위를 사임하고 한동안 약물중독 재활 치료를 받아야 했다. 늘 생산적이고 역동적이고 쾌활하고 똑똑해야 한다는 주변의 기대도 중독의 원인으로 작용했다. 하지만 그는 자신이 무너진 것을 남들의 무리한 요구 탓으로 돌리지 않고 이렇게 말했다. "내 삶의 기초는 두 가지 전제에 있었습니다. 첫째는 내 성취를 통해 나에 대한 사람들의 견해와 인정을 통제할 수 있다는 생각이었고, 둘째는 그것만이 중요한 삶이라는 것이었습니다."

이 우상숭배가 개인에게만 해당된다고 생각하면 오산이다. 어느 전문분야 전체도 자체의 능력과 정책에 너무 도취된 나머지 그것을 일종의 구원으로 떠받들 수 있다. 예컨대 뛰어난 과학자, 사회학자, 심리치료사, 정치가가 있다고 하자. 그들은 자기 분야에서 성취할 수 있는 일의 한계를 인정하는가, 아니면 '메시아적' 주장을 펴는가? 그 어떤 공공 정책이나 기술 발전도 인류의 문제를 해결하는 데는 한계가 있게 마련이므로 그에 걸맞은 겸손이 필요하다.

성공을 떠받들게 부추기는 경쟁 문화

성공을 가짜 신으로 둔갑시키기가 유독 쉬워진 데는 현대 문화의 영향도 있다. 피터 버거가 *The Homeless Mind*(집 잃은 마음)에서 지적했듯이 전통문화에서는 인간의 가치를 판단하는 기준이 '명예'였다. 명예는 공동체 내에서 주어진 역할을 다하는 이에게 주어진다. 시민이든 아버지든 어머니든 교사든 통치자든 다 마찬가지다.

반면에 현대사회는 개인주의적이며 가치의 근거가 '존엄'에 있다. 존엄이란 사회적으로 부여된 역할이나 범주와 무관하게 각 개인이 자신의 정체와 자아를 계발할 수 있는 권리를 뜻한다.[7] 그래서 현대사회는 각 개인의 성취를 통해 자신의 가치를 증명하라는 엄청난 압력을 가한다. 선량한 시민이나 가족이 되는 것만으로 부족하다. 이

겨서 꼭대기에 올라서야 하고 자신이 정상급임을 내보여야 한다.

데이비드 브룩스의 책 《보보스는 파라다이스에 산다》(On Paradise Drive, 리더스북 역간)에 보면 "유년기의 전문화"라는 개념이 나온다. 아이들이 어렸을 때부터 부모와 학교가 동맹해서 만능 학생을 길러내기 위해 숨 막히는 경쟁을 유발한다. 브룩스는 이를 가리켜 "거대한 유기적 조직 …… 막강한 성취의 기계"라 했다. 가정도 이제 더는 크리스토퍼 래시가 말했던 "무정한 세상 속의 안식처"나 살벌하게 물고 뜯는 여타 생활 영역에 평형추가 되지 않는다.[8] 오히려 가정은 성공에 대한 욕구를 최초로 배양하는 온실이 되었다.

이처럼 무작정 고도의 성취를 강조하다 보니 젊은이들이 큰 피해를 보고 있다. 수많은 교육자가 다년간 목도해 왔고 2009년 봄에 웨이크포레스트대학교의 네이턴 해치 총장도 인정했듯이 청년들은 금융, 컨설팅, 기업법, 특수 의료 등의 분야로 지나치게 쏠리고 있다. 그런 분야가 연봉도 높고 성공의 기운도 있기 때문이다.

해치 총장은 학생들이 의미와 목적이라는 더 큰 질문

과 거의 무관하게 그런 길을 택한다고 말한다. 즉 그들이 직종을 고를 때 고려하는 질문은 '어떤 직업이 공존공영에 유익한가?'가 아니라 '어떤 직업이 내 성공에 유리한가?'이다. 그 결과 그들은 일에 만족이 없다며 깊은 좌절을 토로한다. 해치 총장은 2008-2009년의 경기 침체를 계기로 많은 학생이 직종을 택하는 기준을 근본적으로 재고하게 되었기를 바랐다.[9]

문화 전체가 우리에게 이 가짜 신을 받아들이라고 잔뜩 부추기고 있다. 여기서 어떻게 헤어날 것인가?

핵심 집단에 들고 싶은 마음

자기 당대에 세상 최고의 성공과 권력을 거머쥔 사람 중 하나로 나아만이 있다. 열왕기하 5장에 그의 이야기가 나온다. 그의 삶은 최고뿐이었다. 오늘날 시리아에 해당하는 아람의 군대 장관이었고, 아람 왕이 국정 공식 석상에서 그의 "손을 의지"(왕하 5:18)한 것으로 보아 나라의 국무총리에 해당하기도 했다. 또 부자에다 온갖 훈장과 포상에 빛나는 용맹한 군인이었다. 그런데 이 모든 위대한 성취와 능력에 맞서는 호적수가 있었다.

> 아람 왕의 군대 장관 나아만은 그의 주인 앞에서
> 크고 존귀한 자니 이는 여호와께서 전에
> 그에게 아람을 구원하게 하셨음이라
> 그는 큰 용사이나 나병 환자더라(왕하 5:1).

보다시피 열왕기하의 저자는 명예와 성취를 쭉 늘어놓다가 돌연 이 모두에도 불구하고 그가 죽은 목숨이나 다름없다고 덧붙인다. 성경에서 나병은 여러 가지 치명적인 소모성 피부 질환을 아우르는 말이다. 환자는 점점 불구가 되고 형체가 일그러져 결국 죽음을 맞이했다. 당시 이 병은 지금의 암과 같았다. 나아만의 몸은 서서히 산화하는 중이었다. 몸이 부풀어 오르고 살갗과 뼈가 갈라져 조금씩 떨어져 나가면서 서서히 죽어 갈 것이었다. 나아만은 재물, 무공, 대중의 환호 등 모든 것을 갖추었으나 그 속에서 말 그대로 무너져 내리고 있었다.

성공의 큰 동기적 욕구 중 하나는 '핵심 집단'에 들고 싶은 마음이다. C. S. 루이스의 가장 유명한 평론 중 하나에 이 주제가 통찰력 있게 다뤄져 있다.

> 나는 세상에 벌어지는 모든 일이 경제적이고 성적인 동기에서 비롯된다고 보지 않는다. 답은 …… 내부인이 되려는 욕망과 갈망이다. 그것이 여러 모양으로 나타난다. …… 당신이 원하는 것은 …… 우리 네다섯만이 아는 달콤한 지식이다. (정말) 아는 사람은 우리다. …… 이 갈망에 지배당하는 한 당신에게 만족이란 있을 수 없다. 외부인이 되는 두려움을 극복하지 않는 한 당신은 외부인으로 남을 것이다.

"외부인으로 남을 것"이라는 루이스의 말은 무슨 뜻인가? 나아만은 성공과 돈과 권력을 쥐었지만 나병 환자였다. 성공과 부와 권력이 있으면 의당 완벽한 내부인이 되어 아무리 배타적인 친목회와 핵심 집단에라도 들어갈 수 있어야 한다. 그런데 그는 전염성 피부병 때문에 외부인으로 남아야 했다. 모든 성공도 무용지물이었다. 사회적 소외와 정서적 절망을 성공으로도 극복할 수 없었다.

이런 면에서 나아만의 이야기는 비유와 같다. 자신

이 '외부인'이라는 막연한 느낌을 떨쳐 보려고 성공을 추구하는 이들이 많다. 그들은 성공하면 문이 열려 클럽과 사교 모임에도 들어가고, 영향력 있는 마당발과 연줄도 맺을 수 있다고 믿는다. 마침내 정말 중요한 모든 이에게 자신이 받아들여진다는 것이다.

그러나 성공은 그것을 약속만 할 뿐 결국 지키지 못한다. 나아만의 나병이 현실을 대변해 주듯이 성공은 우리가 바라는 만족을 가져다줄 수 없다. 가장 성공한 이들 중에도 여전히 자신이 '외부인'인 것 같아 자신에 대해 회의가 든다고 고백하는 경우가 많다.

길들여지지 않는 하나님

> 전에 아람 사람이 떼를 지어 나가서 이스라엘 땅에서
> 어린 소녀 하나를 사로잡으매 그가 나아만의 아내에게
> 수종들더니 그의 여주인에게 이르되 우리 주인이
> 사마리아에 계신 선지자 앞에 계셨으면 좋겠나이다 그가
> 그 나병을 고치리이다 하는지라(왕하 5:2-3).

나아만의 아내가 부리던 여종이 이스라엘의 위대한 선지자를 소개했다. 지푸라기라도 잡는 절박한 심정으로 그는 엘리사에게 치료를 받으려고 바로 이스라엘로 떠났다. "은 십 달란트와 금 육천 개와 의복 열 벌"(5절)은 물론이고 이스라엘 왕에게 보내는 아람 왕의 추천서도 가져갔는데, 편지에 "내가 내 신하 나아만을 당신에게 보내오니 이 글이 당신에게 이르거든 당신은 그의 나병을 고쳐 주소서"(6절)라고 적혀 있었다. 나아만은 이스라엘 왕에게 직행해 편지와 돈을 건넸다. 재물과 편지를 보고 왕이 선지자에게 치료를 명할 것이라 생각했고, 그러면 자신은 성한 몸으로 돌아가면 될 터였다.

나아만은 자신의 왕이 이스라엘 왕에게 친히 보낸 추천서에서 치료가 이미 확정된 거라고 생각했다. 자신의 성공으로 문제를 해결할 수 있다고 생각한 것이다. 하나님만이 하실 수 있는 일이 있음을 그는 몰랐다. 여종은 나아만에게 "선지자 앞에 계셨으면 좋겠나이다"(3절)라고 말했을 뿐이다. 곧장 선지자에게 가서 치료를 청하라는 뜻이었으나 이는 나아만의 세계관에는 맞지 않는 행동이었다. 그래서 그는 거액의 치료비와 최고위급의 추천서를 싸들고 이스라엘의 서열 1위인 왕에게 갔다. 하지만 왕은 달가워하지 않았다.

> 이스라엘 왕이 그 글을 읽고 자기 옷을 찢으며 이르되 내가 사람을 죽이고 살리는 하나님이냐 그가 어찌하여 사람을 내게로 보내 그의 나병을 고치라 하느냐 너희는 깊이 생각하고 저 왕이 틈을 타서 나와 더불어 시비하려 함인 줄 알라 하니라(왕하 5:7).

나아만과 아람 왕은 이스라엘의 종교도 실제로는 세상 나라와 똑같이 작용한다고 믿었다. 그들에게 종교란 사회를 통제하는 수단이었다. 종교의 작동 원리는 신 또는 하나님이 착하게 사는 사람에게 복과 형통을 준다는 것이다. 그러니 하나님과 제일 가까운 사람은 당연히 사회에서 가장 성공한 이들이다. 그들이야말로 하나님께 무엇이든 원하는 대로 받을 것이다. 따라서 전통 종교가 늘 예상하는 대로라면 신은 외부인이나 실패자가 아니라 성공한 부류를 통해 일한다. 그래서 나아만도 곧장 왕에게 갔던 것이다.

그러나 이스라엘 왕은 편지를 읽고 자기 옷을 찢었다. 아람 왕이야 알 리가 없었겠지만, 이스라엘의 하나님은 다르시며 왕 자신은 나아만의 치료를 명할 수 없었기 때문이다. 이스라엘의 하나님은 인간에게 놀아나지 않으신다. 돈으로 매수하거나 비위를 맞출 수 있는 대상도 아니다. 종교의 신들은 우리가 하기 나름이어서 이쪽에서 정성과 헌신을 보이면 신들도 갚을 의무가 있다. 그러나 이스라엘 하나님께는 그렇게 접근할 수 없다. 무엇이든 그분이 주시는 것은 은혜의 선물이다.

이스라엘 왕은 "내가 사람을 죽이고 살리는 하나님이냐"(7절)라는 탄식으로 나아만 문제의 정곡을 찔렀다. 나아만은 성공을 우상으로 삼았다. 자신의 성취를 근거로 동급의 성공한 이들을 찾아가 필요한 것을 받아 낼 수 있다고 생각했다. 하지만 성취와 돈과 권력은 '사람을 죽이고 살릴' 수 없다.

해를 거듭하며 이 본문을 공부할수록 나는 나아만이 더 대단해 보인다. 그는 정말 훌륭하고 뛰어난 사람이었다. 하지만 이는 세상 최고의 사람도 하나님을 찾는 법에는 무지함을 보여 줄 뿐이다. 그렇다고 나아만에게 너무 가혹해질 필요는 없다. 그는 뒷배를 이용하고, 유명인의 이름을 팔고, 돈을 듬뿍 뿌리고, 최고 실세를 찾아간다. 그게 모든 중요한 인간을 대하는 방식일진대 하나님이라고 똑같이 대하지 못할 것도 없지 않은가?

하지만 성경의 하나님은 다르시다. 나아만은 길들여진 신을 원했지만 그분은 야성의 하나님이시다. 나아만은 우리에게 갚아야 할 신을 원했지만 그분은 우리 쪽에서 보답해야 할 은혜의 하나님이시다. 나아만은 모두의 신이 아닌 자기만의 사적인 신을 원했지만 그분은 우리가 인정하든 말든 만인의 하나님이시다.

너무 쉬워서 어려운 명령

하나님의 사람 엘리사가 이스라엘 왕이 자기의 옷을
찢었다 함을 듣고 왕에게 보내 이르되 왕이 어찌하여 옷을
찢었나이까 그 사람을 내게로 오게 하소서 그가 이스라엘
중에 선지자가 있는 줄을 알리이다 하니라
나아만이 이에 말들과 병거들을 거느리고 이르러

엘리사의 집 문에 서니(왕하 5:8-9).

엘리사의 집으로 간 나아만은 거기서 보고 들은 바에 충격을 받았다. 선지자는 자신에게 임한 영광을 모르는 모양인지 아예 문 밖에 나오지도 않았다. 사자를 보내 나아만에게 말했을 뿐이다. 두 번째 충격은 그가 전한 말 자체였다.

> 엘리사가 사자를 그에게 보내 이르되 너는 가서 요단
> 강에 몸을 일곱 번 씻으라 네 살이 회복되어 깨끗하리라
> 하는지라 나아만이 노하여 물러가며 이르되 내 생각에는
> 그가 내게로 나와 서서 그의 하나님 여호와의 이름을
> 부르고 그의 손을 그 부위 위에 흔들어 나병을 고칠까
> 하였도다 다메섹 강 아바나와 바르발은 이스라엘 모든
> 강물보다 낫지 아니하냐 내가 거기서 몸을 씻으면
> 깨끗하게 되지 아니하랴 하고 몸을 돌려 분노하여 떠나니
> 그의 종들이 나아와서 말하여 이르되 내 아버지여
> 선지자가 당신에게 큰일을 행하라 말하였더면 행하지
> 아니하였으리이까 하물며 당신에게 이르기를 씻어

깨끗하게 하라 함이리이까 하니(왕하 5:10-13).

나아만은 엘리사가 돈을 받고 무슨 신기한 의식이라도 행할 줄 알았다. 돈을 받지 않을 거라면 적어도 자신에게 치료의 값으로 뭔가 '큰일'을 시킬 줄로 알았다. 그런데 요단 강에 가서 몸을 일곱 번 담그라는 말이 고작이었다. 그래서 그는 노하며 돌아섰다.

왜 그랬을까? 다시 나아만의 세계관이 송두리째 흔들렸기 때문이다. 조금 전에 그는 이 하나님이 문화의 산물이 아니라 문화를 변혁하시는 분이고 인간에게 통제당하는 게 아니라 주권적 군주이심을 배웠다. 그런데 이번에는 인간을 순전히 은혜로 대하시는 하나님과 맞닥뜨렸다. 이 둘은 나란히 짝을 이룬다. 아무도 참 하나님을 통제할 수 없음은 아무도 자신의 공로로 복과 구원을 얻어 내거나 성취할 수 없기 때문이다.

나아만이 화가 났던 것은 자신에게 거창한 일을 시킬 거라는 예상이 빗나갔기 때문이다. 이를테면《반지의 제왕》에서처럼 힘의 반지를 되돌려 놓으라는 식으로 말이다. 이런 요청이라면 그의 자아상과 세계관에 부합했을 것이다. 그런데 엘리사의 메시지는 모욕적이었다.

나아만은 '요단 강에 내려가 물장구를 치는 것은 바보나 아이, 그 누구라도 할 수 있는 일이다. 능력이나 성취가 전혀 불필요한 일이다'라고 생각했다. 바로 그거다. 그래서 구원이란 선하든 악하든 관계없이, 강하든지 약하든지 누구나 받을 수 있는 것이다.

하나님은 은혜의 하나님이며 그분의 구원은 얻어 내는 게 아니라 거저 받을 수 있을 뿐이다. 이것을 알기 전에는 나아만은 계속 우상의 노예로 살아갈 것이다. 우상이 줄 수도 없는 안전과 의미를 계속 우상을 통해 얻어 내려 할 것이다. 하나님의 은혜를 깨달아야만 그는 자신의 성공도 결국 하나님의 선물임을 알게 된다. 물론 본인도 성공을 이루려 많은 공을 들였지만 이는 하나님이 그에게 재능과 능력과 기회를 주셨기 때문에만 가능했다. 평생 하나님의 은혜에 의존해 있었는데 자신이 그것을 몰랐을 뿐이다.

요컨대 "그냥 몸을 씻으라"라는 명령은 너무 쉬워서 어려웠다. 나아만이 그대로 하려면 자신의 연약함과 무력함을 인정하고 구원을 값없는 선물로 받아들여야 했다. 하나님의 은혜를 원하는 사람은 결핍만 있으면 된다. 즉 아무엇도 없으면 된다. 그런데 이런 영적 겸손을 불러일으키기가 어렵다. 우리는 하나님께 가면서 '제가 이만큼 했습니다'라든지 '제가 고생한 것 좀 보십시오'라고 말한다. 그러나 하나님은 우리가 그분만 바라보기를 원하신다. 그냥 씻기만을 원하신다.

나아만은 자신의 '해로운 행위를 내려놓는' 법을 배워야 했다. 옛 찬송가에 나오는 말이다.

> 네 해로운 '행위'를
> 주 발아래 내려놓고
> 온전히 영광 가운데
> 오직 주 안에 서라.

성경의 숨은 영웅

성경 곳곳마다 저자들이 애써 강조하는 사실이 있다. 하나님의 은혜와 용서는 받는 쪽에는 거저지만, 주는 쪽에는 늘 희생이 따른다. 성경 첫머리부터 암시되어 있듯이 하나님도 희생 없이는 용서하실 수 없다. 큰 피해를 당한 사람치고 가해자를 '그냥 용서할' 수 있는 사람은 없다. 당신이 돈이나 기회나 행복을 강탈당했다면 범인에게 보상을 받아내든지 용서하든지 둘 중 하나다. 그런데 용서하려면 손해와 빚을 당신이 부담해야 한다. 스스로 감수해야 한다. 이렇듯 모든 용서에는 희생이 따른다.[10]

성경의 내러티브마다 이 기본 원리가 얼마나 자주 언급되는지 놀라울 정도다. 위의 이야기에서도 나아만이 복을 받기 위해서는 누군가 인내와 사랑으로 고난을 감수해야 했다. 이 인물은 이야기 속에 등장했다가 너무 빨리 사라져 거의 눈에 띄지 않을 정도다. 하지만 어떤 면에서는 가장 중요한 인물이다. 그 사람이 누구일까? 나아만의 아내가 부리던 여종이다.

그녀는 아람의 습격대에 잡혀 왔다. 일가족이 다 포로로 끌려와 팔렸으면 그나마 다행이지만 최악의 경우 가족이 그녀의 눈앞에서 살해되었을 수도 있다. 이야기 속의 그녀는 아람의 사회구조에서 가장 밑바닥 인생이다. 인종적으로 외부인이고 종이고 여자인 데다 아직 어렸다. 아마 12-14세쯤 되었을 것이다. 한마디로 완전히 결딴난 인생이었다. 그게 누구 때문이던가? 군 최고사령관이자 육군 수

장인 나아만 때문이었다. 그런데 그녀는 원수가 나병에 걸렸음을 알고 어떻게 반응했던가?

정상을 동경하던 사람이 사다리의 맨 아래 칸에 떨어지면 대개 냉소와 원한에 사무치게 된다. 어떻게든 주변에서 누군가를 찾아내 자신의 실패를 그의 탓으로 돌린다. 복수하는 공상에 빠질 수도 있다. 그런데 이 어린 여종은 그런 덫에 빠지지 않았다. 그녀가 이렇게 말했던가? "나병이라니, 거참 고소하다! 오늘 손가락이 하나 더 떨어져 나갔군! 내 그의 무덤에서 춤을 추리라!" 천만의 말이다.

그녀가 한 말을 보라. "우리 주인이 선지자 앞에 계셨으면 좋겠나이다"(왕하 5:3). 말 속에 연민과 관심이 묻어난다. 정말 아픔을 덜어 주고 그를 살려 내고 싶었음에 틀림없다. 그렇지 않고는 그에게 선지자를 소개할 이유가 없다.

생각해 보라. 이제 나아만은 이 여종의 손에 달려 있다. 그녀는 그를 살릴 방도를 알고 있으며, 가만히만 있으면 그를 비참한 고통에 빠뜨릴 수 있다. 죗값을 치르게 그냥 둘 수도 있었다. 그의 손에 당한 만큼 그에게도 대가를 물어야 하지 않겠는가. 그가 먼저 모욕했으니 이제 그녀

쪽에서 모욕으로 갚아 줄 차례였다.

그러나 여종은 그러지 않았다. 성경의 숨은 영웅인 그녀는 자신의 고통을 덜겠다고 그를 응징하지 않았다. 그녀가 취한 행동은 바로 성경 전체에 걸쳐 우리에게 명해진 일이다. 그녀는 복수를 꾀하지 않고 만인의 재판장이신 하나님께 맡겼다. 상대를 용서하고 기꺼이 치유와 구원의 통로가 되어 주었다. 하나님을 신뢰하고 자신의 고통을 인내로 감당했다. 영국의 설교자 딕 루카스는 이 여종에 대해 "그녀는 대가를 치르고 쓰임받았다"라고 말했다. 그녀는 하나님이 자신의 희생을 얼마나 쓰실지 모르는 채로 고난을 감수하며 용서를 베풀었다.[11]

구원의 '큰일'을 감당하신 예수

언제나 고난당하는 종이 있어야만 용서가 가능하다는 성경의 이 주제는 예수님에게서 절정에 이른다. 고난당하는 종이 세상을 구원하러 오신다는 예언이 그분을 통해 성취되었다(사 53장 참조). 아버지와 함께 기쁨과 영광 중에 사시던 예수님이 그것을 다 버리셨다. 인간이자 종이 되어 구타와 체포와 죽임을 당하셨다.

십자가에서 소위 친구들을 내려다보시며 값을 치르셨다. 그중 더러는 그분을 부인했고 더러는 배반했으며 모두 그분을 버렸다. 그러나 예수님은 용서하셨고, 그들을 위해 십자가에서 죽으셨다. 우리 모두가 용서할 때 해야 할 일을 하나님은 십자가 위에서 우주적 규모로 행하셨다. 죗값과 형벌을 친히 당하신 것이다. 그분이 값을 치르셨으니 우리는 치를 필요가 없다.

성공을 숭배하는 자신을 질책만 해서는 이 우상숭배에서 헤어날 수 없다. 닷컴 붕괴와 2001년 9.11 사태가 일어나기 직전인 1990년대 말, 헬렌 루빈은 잡지 〈패스트 컴퍼니〉(Fast Company)의 기사에서 성공과 물질만능주의를 지나치게 떠받드는 풍조를 다음과 같이 폭로했다.

> 우리가 집착하는 대상은 많지만 …… 그중 성공에 대해 가장 거짓말을 많이 한다. 성공과 그 사촌인 돈이 우리를 안전하게 해 주고, 성공과 그 사촌인 권력이 우리를 중요하게 만들어 주며, 성공과 그 사촌인 명성이 우리를 행복하게 해 준다는 것이다. 이제 진실을 말해야 할 때다.

> 이 세대의 가장 똑똑하고 유능하고 성공한 사람들이
> 기록적인 숫자로 재앙을 자초하는 이유는 무엇인가?
> 그들은 온갖 수단을 동원해 돈과 권력과 명예를 얻은 뒤
> 자멸한다. 애초에 그런 걸 바라지 않았는지도 모른다!
> 아니면 막상 얻고 보니 마음에 들지 않았는지도 모른다.[12]

이 기사가 발표되고 얼마 지나지 않아 2000-2001년에 가벼운 불황이 닥쳤고, 그러자 우리 문화가 성공에 중독되었다는 비슷한 개탄이 많이 나왔다. 성공과 그 여러 '사촌'을 우리 사회의 신으로 삼았음을 우리는 언제쯤 깨달을 것인가? 그러다 9.11 공격이 발생하자 언론은 '부조리의 종말'을 고했다. 이제야말로 우리가 더 전통적 가치인 성실한 노력, 적정 수준의 기대치, 만족 지연 등으로 돌아갈 거라는 말이었다. 하지만 그런 일은 없었다. 2008-2009년에 세계경제가 붕괴될 때 명백히 드러났듯이 우리 문화는 오히려 중독으로 되돌아가 있었다.

성공의 우상은 쫓아낼 수 없고 대체해야만 한다. 인간의 마음에는 뭔가 소중한 대상에 대한 갈망이 있다. 특정 대상에 대한 갈망이야 떨칠 수 있지만 그런 욕구 자체

를 억압할 수는 없다.[13] 우리는 열등감을 해소하고 삶에 의미를 부여하고자 자꾸만 뭔가 '큰일'을 하려고 든다. 어떻게 하면 마음의 그런 집착에서 벗어날 수 있을까?

하나님의 구원은 우리에게 아무런 '큰일'도 요구하지 않는다. 그 이유를 마침내 깨달으려면 고난당하는 크신 종 예수님이 우리를 위해 해 주신 일을 봐야만 한다. 큰일은 그분이 이미 하셨으니 우리는 할 필요가 없고 '씻기만 하면' 된다. 우리를 사랑하시는 그분이 다 해 주셨다. 그래서 우리는 존재의 정당성을 얻는다. 그분이 다 이루어 주신 일을 머리로 믿고 마음에 감격하면 그때부터 중독이 사멸된다. 무슨 수를 써서라도 성공하려던 욕구가 스러진다.

연약함과 결핍을 인정하라

나아만은 마음을 낮추고 요단 강으로 갔다. 결과는 놀라웠다.

> 나아만이 이에 내려가서 하나님의 사람의 말대로
> 요단 강에 일곱 번 몸을 잠그니 그의 살이 어린아이의

살갗이 회복되어 깨끗하게 되었더라 나아만이 모든 군대와 함께 하나님의 사람에게로 도로 와서 그의 앞에 서서 이르되 내가 이제 이스라엘 외에는 온 천하에 신이 없는 줄을 아나이다 청하건대 당신의 종에게서 예물을 받으소서 하니 이르되 내가 섬기는 여호와께서 살아 계심을 두고 맹세하노니 내가 그 앞에서 받지 아니하리라 하였더라 나아만이 받으라고 강권하되 그가 거절하니라(왕하 5:14-16).

성경의 구원 이야기는 우리가 숭배하는 성공을 철저히 무너뜨린다. 나아만은 병을 고치려면 차례대로 여종의 말과 엘리사의 종의 말과 자기 종의 말을 받아들여야 했다. 당시에 지체 높고 힘 있는 사람들은 종을 노리갯감이나 노역하는 짐승 정도로밖에 취급하지 않았다. 그런데 하나님은 그런 종들을 통해 구원의 메시지를 보내셨다. 답은 왕궁에서 나온 게 아니라 종의 숙소에서 나왔다!

이 주제의 궁극적 모본은 물론 예수 그리스도 자신이다. 그분은 로마나 알렉산드리아나 중국으로 오신 게 아니라 어느 후미진 식민지로 오셨다. 왕궁에서 나신 게 아니라 마구간의 구유에서 태어나셨다.

> 궁전이나 저택에서 찾지 말고
> 왕의 휘장도 들추지 말라.
> 마구간에 가면 밀짚에 누우신
> 너의 하나님을 보리라.
> — 윌리엄 빌링스

예수님이 사역하시는 내내 제자들은 묻고 또 물었다. '언제 권력을 잡으실 겁니까? 서민 행보를 언제 그만두실 겁니까? 언제 인력 확충과 자금 마련에 나서실 겁니까? 공직에는 언제쯤 출마하실 겁니까? 예비 선거일은 언제입니까? 텔레비전 특집 방송의 1차 출연은 언제입니까?' 그러나 예수님은 겸손히 섬기다가 고문당해 죽으셨다. 부활하신 후에도 그분은 당시 아무런 지위도 없던 부류인 여자들에게 맨 먼저 나타나셨다.

예수님의 구원은 힘으로 받는 게 아니라 연약함과 결핍을 인정해야 받는다. 그 구원은 힘으로 이루어진 게 아니라 복종과 섬김과 희생과 죽음을 통해 이루어졌다. 여기 성경의 위대한 메시지가 있다. 하나님은 세상의 약한 것들을 택하여 강한 것들을 부끄럽게 하시고, 미련하고 멸시받는 것들을 택하여 지혜 있는 자들을 부끄럽게 하시며, 없는 것들을 택하여 있는 것들을 폐하신다(고전 1:26-31 참조). 그게 하나님이 일하시는 방식이다.

Counterfeit Gods

5

내가 만든 신 ——— 권력

권력의지는
두려움의 또 다른 얼굴이다

유럽이 2차세계대전에 돌입하기 직전, 네덜란드의 역사가 요한 하위징아는 "우리가 살고 있는 세상은 뭔가에 씌었다. 우리도 알고 있다"라고 썼다.[1] 나치는 깊은 애국심과 민족애를 고취하겠다고 떠벌렸으나 어찌된 일인지 그들이 추구하던 '애국심'은 악마처럼 파괴적인 것으로 변했다. 결국 나치가 이뤄 낸 결과는 그들이 추구하던 것과는 정반대로, 명예로운 나라가 아니라 영원한 치욕이었다.

프랑스 혁명의 지도자 막시밀리앵 드 로베스피에르는 1794년 국민공회에서 이렇게 말했다. "우리가 지향하는 목표는 무엇입니까? 자유와 평등을 평화롭게 누리는 것입니다. …… 공포정치는 신속하고 엄격한 불굴의 정의일 뿐입니다."[2]

그러나 그의 '공포정치'는 끔찍이도 불의해서 로베스피에르 자신이 희생양이 되어 재판 없이 단두대에서 처형

되었다. '자유와 평등'은 분명히 아주 좋은 것이지만 이번에도 뭔가가 지독히 잘못되었다. 숭고한 원리가 '뭔가에 씌어' 제정신을 잃었고, 거기서 이루어진 결과는 혁명가들이 추구하던 정의와는 정반대였다.

어찌된 일인가? 민족애가 절대화되면 인종적 우월감으로 변한다. 평등을 사랑하는 마음이 최고의 자리를 점하면 특권적 삶을 영위해 온 이들을 향한 무차별적 증오와 폭력을 낳을 수 있다. 인간 사회는 좋은 정치적 대의를 가짜 신으로 둔갑시키는 고질적 성향이 있다. 앞서 언급했던 어네스트 베커에 따르면, 사회가 하나님의 실체를 잃어버리면 많은 이가 이전에 종교 체험에서 얻던 만족을 로맨틱한 사랑에서 얻으려 한다. 반면에 니체는 하나님의 자리를 대신하는 게 돈이라고 보았다.

그러나 이 영적 빈자리를 채울 후보가 또 있다. 우리는 정치에 기대를 걸 수 있다. 정치 지도자를 '메시아'로 보고 정치적 정책을 구원의 교리로 여길 수 있다. 그러면 정치 활동은 일종의 종교로 변한다.

정치에 울고 웃는 세상

뭔가를 우상화하면 그 징후로 두려움이 삶의 주된 특성이 된다. 삶의 중심을 우상에 두는 사람은 거기에 의존하게 된다. 자신이 만든 가짜 신이 어떤 식으로든 위협받으면 우리는 완전히 공황 상태에 빠진다. "유감이다, 어렵다"라고 말하는 게 아니라 "끝장났다! 희망이 없다!"라고 소리친다.

나라의 정치 동향에 극단적으로 반응하는 이들이 이토록 많은 데는 그런 이유도 있을 수 있다. 어느 당이 선거에 이기든 패한 쪽의 일정 비율은 공공연히 나라를 떠나겠다고 말한다. 미래가 못내 불안하고 두려운 것이다. 하나님이 복음의 역사(役事)를 통해서만 주실 수 있는 희망을 그들은 정치 지도자와 정책에 걸었다. 그러다 자신의 정치 지도자가 권력에서 밀려나면 죽을 맛이 된다.

그들은 자신의 정책과 동지들이 권력을 잃으면 모든 게 무너진다고 믿는다. 상대 정당과 일치하는 부분이 실제로 아주 많은데도 이를 인정하지 않고 기어이 불일치하는 부분에만 집중한다. 나머지는 다 논쟁점에 삼켜져 버리므로 악의적인 환경이 조성된다.

정치를 우상화할 때 나타나는 또 다른 징후는 상대의 단순한 과오조차도 무조건 악하게 보는 것이다. 지난번 대통령 선거가 있은 후에 84세이신 내 어머니가 이런 말씀을 하셨다. "전에는 누가 당선되든 모두의 대통령이었다. 내가 그 사람을 찍지 않았어도 말이다. 그런데 이제는 그렇지 않은 것 같구나." 이제 매번 선거가 끝나면 신임 대통령에게 도덕적 정당성이 없다고 보는 이가 상당히 많다. 오늘날 정치적 양극화와 적대감이 이렇게 심화되고 있는 현상은 이미 우리가 정치 활동을 일종의 종교로 삼았다는 증거다. 우상숭배는 어떻게 두려움을 낳고 상대를 악마로 보게 하는가?

네덜란드 출신의 캐나다인 철학자 알버트 월터스는 성경적 세계관에서 삶의 근본 문제는 죄이며 유일한 해답은 하나님과 그분의 은혜라고 가르쳤다. 이와 반대되는 견해는 죄 아닌 다른 것을 세상의 근본 문제로 보고 하나님 아닌 다른 것을 근본 해법으로 본다. 그러면 완전한 악이 아닌 것이 악마로 보이고 궁극적 선일 수 없는 것이 우상으로 둔갑한다. 월터스의 말을 들어 보자.

하나님의 선한 창조 세계 중 어떤 일면이나 현상을 뽑아내 그것을 인생 드라마의 악당으로 몰아가는 것은 몹시 위험한 일이다. 진짜 악당은 세상에 침투한 죄라는 이질적 요소다. …… 그동안 다양하게 지목된 그 '어떤 것'의 예로는 …… 육체와 정욕(플라톤과 대부분의 그리스 철학), 자연과 구별되는 문화(루소와 낭만주의), 특히 국가와 가정의 제도적 권위(대부분의 심층심리학), 과학기술과 관리 기법(하이데거와 엘륄) 등이 있다. …… 유독 성경만은 창조 세계의 일부를 악당이나 구주로 삼으려는 …… 모든 시도를 단호히 거부한다.[3]

정치에 대한 과도한 희망과 환멸의 끝없는 악순환, 점점 더 악의적으로 치닫는 정치 담론, 자기 정당의 실권에 따른 극도의 두려움과 절망 등이 다 그것으로 설명된다. 왜 우리는 정치적 대의와 사상을 신이나 악마로 둔갑시키는 것일까? 라인홀드 니버에 따르면 우리가 정치의 우상화를 통해 권력을 신으로 삼기 때문이다.

애국심이 답이다?

니버는 20세기 중엽의 저명한 미국 신학자였다. 그에 따르면 모든 인간은 자신이 의존적 존재라는 무력감과 싸운다. 에덴동산의 첫 유혹도 하나님이 정해 주신 한계("…… 나무의 열매는 먹지 말라", 창 2:17 참조)를 무시하고 "하나님과 같이"(창 3:5) 되어 운명에 대한 권력을 스스로 행사하라는 것이었다. 이 유혹에 굴한 결과로 이제 그것이 우리 본성의 일부가 되었다. 우리는 유한성을 받아들여 하나님께 의존하는 게 아니라 여전히 내 인생은 내 권한임을 악착같이 확인하려 든다. 하지만 이는 환상일 뿐이다. 니버에 따르면 이런 만인 보편의 불안에서 비롯되는 '권력의지'가 우리의 사회적, 정치적 관계를 지배한다.[4] 그렇게 되는 방식을 그는 두 가지로 봤다.

첫째로, 니버는 말하기를 자기 민족에 대한 자긍심은 좋은 것이지만 나라의 권력과 번영을 무조건 절대화해서 다른 모든 관심사를 거부한다면 폭력과 불의가 당연하게 자행될 수 있다고 했다.[5] 네덜란드의 학자 밥 하웃즈바르트는 그 결과에 대해 이렇게 썼다.

> 목적이 마구잡이로 모든 수단을 정당화한다. …… 따라서
> 물질적 번영을 나라의 목표로 내세워 자연환경 파괴를
> 정당화한다든지 개인이나 계층집단에 대한 착취를
> 허용한다면, 그 목표는 우상이 된다. 군사적 안전을
> 나라의 목표로 내세워 표현의 자유와 사법절차의 권리를
> 박탈한다든지 소수민족 학대를 정당화한다면,
> 그 목표 또한 우상이 된다.[6]

니버는 국가에도 집단적 '자존심'이 있으며, 민족문화도 개인처럼 우월감과 열등감에 찌들 수 있다고 주장했다. 우월감의 예로 대다수 미국인은 미국이 '자유의 땅'이라는 자아상에 도취되어 흑인에 대한 위선적 인종차별을 보지 못했다. 반면에 어떤 사회는 열등감이 깊어져 공격적이고 호전적인 쪽으로 변할 수도 있다. 니버가 책을 쓴 때는 1941년이었으므로 나치 독일을 열등감 때문에 권력을 우상화한 사례로 본 것도 무리는 아니다. 1차세계대전으로 체면을 구긴 독일은 사회 전체가 자기들의 권력과 우월성을 온 세상에 입증하려는 의욕에 차 있었다.[7]

대상에게 가치를 부여하되 절대적 가치와 구별해 정

확히 선을 긋기란 쉽지 않다. 마찬가지로 애국심이 인종차별과 압제와 제국주의로 넘어가는 시점을 정확히 짚어 낼 방법도 없다. 그러나 국가가 종종 그런 파멸에 떨어졌다는 사실만은 누구도 부인할 수 없다. 그렇다고 마치 애국심 자체가 악하다는 듯 애국심의 표현을 모조리 비웃는 것은 해답이 아니다. 누누이 봤듯이 우상이란 꼭 필요한 좋은 것들이 신격화된 상태다. C. S. 루이스가 이것을 지혜롭게 썼다.

> 인간의 충동 중에 모성애나 애국심 같은 것은 선하고 섹스나 투쟁 본능 같은 것은 악하다고 생각한다면 오산이다. …… 상황에 따라 기혼남은 자신의 성 충동을 살리고 군인은 투지를 불사를 의무가 있다.
> 반대로 자녀를 향한 모성애나 조국을 향한 사랑도 경우에 따라 억제해야 한다. 그렇지 않으면 타인의 자녀나 나라를 부당하게 대하게 된다.[8]

이데올로기가 답이다?

니버는 또 다른 형태의 '권력의지'도 언급했다. 이번에는 민족이 아니라 각자의 정치철학을 구원의 믿음으로 삼는 것이다. 정치가 '이념'(이데올로기)으로 바뀌면 그렇게 된다.

'이념'이란 어떤 주제에 대한 일련의 일관된 사상을 총칭하는 말이지만, 사촌뻘인 우상숭배라는 단어에 더 가까운 부정적인 어감도 있다. 우상처럼 이념이란 말도 현실에 대한 일부 제한된 설명이 최종 권위의 수준으로 격상된 것이다. 이념의 신봉자는 자신의 학파나 정당에 각종 사회 문제에 대한 완전한 정답이 있다고 믿는다. 무엇보다 이념은 신에 의존해 있는데도 추종자에게 그 사실을 숨긴다.[9]

큰 이념이 실패한 가장 최근의 사례는 공산주의다. 다수의 서구 사상가들은 소위 '과학적 사회주의'에 100년 가까이 큰 희망을 걸었다. 그러나 2차세계대전이 끝나면서부터 1989년 베를린 장벽이 붕괴될 때까지 그들의 신념은 서서히 무너져 내렸다. C. E. M. 조드는 영국의 유수한 불가지론자 철학자였다가 2차세계대전이 끝난 뒤에 기독교로 돌아왔다. 그의 책 *The Recovery of Belief*(되찾은 신앙)

에 이런 말이 나온다.

> 마르크스주의에 암시되어 있고 버나드 쇼가 명시했으며 현대 심리 치료에서 주장하는 관점에 따르면, 악은 환경의 부산물이며 따라서 환경을 통해 악을 고치고 심지어 없앨 수도 있다. 그러나 (나치와 스탈린주의가 저지른 만행과 2차세계대전으로 보건대) 그런 관점은 너무 얄팍하여 용인될 수 없다. …… 도래하지 않는 참된 사회주의에, 국가와 정치인의 행동에 …… 무엇보다 전쟁이 되풀이된다는 사실에 …… 우리 좌파가 늘 실망하고 또 실망하는 이유는 바로 원죄의 교리를 버렸기 때문이다.[10]

그 시기에 나온 중요한 책으로 아서 쾨슬러와 앙드레 지드 등 공산주의와 사회주의에 환멸을 느낀 사람들이 함께 쓴 *The God that Failed*(실패한 신)가 있다.[11] 제목만 봐도 알 수 있듯이 정치적 이념이 어떻게 절대적 약속을 제시하며 삶의 전폭적 헌신을 요구할 수 있는지를 기술한 책이다.

사회주의가 붕괴되자 자유시장 자본주의를 빈곤과 불의라는 고질적 문제를 해결하는 최선책으로 받아들이는 쪽으로 중심추가 홱 돌아갔다. 오늘날 많은 이가 이를 새로운 지배 이념이라 부를 것이다. 과연 현대 자본주의의 한 모태가 된 애덤 스미스의 《국부론》은 자유시장을 신격화한 듯 보인다. 그는 시장은 "보이지 않는 손"이며 그 손에 맡겨 두면 신이나 도덕규범에 전혀 의존하지 않고도 저절로 인간의 행동을 사회에 가장 이로운 쪽으로 이끌어 간다고 주장했다.[12]

그러나 아직 단언하기는 일러도 2008-2009년의 대대적인 금융 위기로 보건대 자본주의도 한 세대 전의 사회주의와 똑같은 환멸을 불러일으킬 수 있다. 최근의 시장 자본주의에 이념적 속성이 있음을 보여 주는 책이 대중서적[13]과 학술서적,[14] 일반서적[15]과 종교서적[16]을 가리지 않고 쏟아진다. 표현만 다를 뿐 "실패한 신"과 똑같은 의미의 제목도 보인다. 우리에게 행복과 자유를 가져다줄 신적 권력을 자유시장에 부여한 결과다.[17]

니버가 역설했듯이 인간의 사고는 늘 뭔가 유한한 가치나 대상을 궁극의 정답으로 끌어올린다.[18] 그래야 우리는 문제를 해결할 수 있는 주체가 되고 우리에게 반대하는 이들은 다 바보나 악인이 된다. 하지만 모든 우상숭배가 그렇듯이 이 또한 우리를 눈멀게 한다. 마르크스주의의 경우, 강력한 국가는 구세주가 되고 자본주의자는 악마로 치부된다. 보수파 경제사상의 경우, 자유시장과 경쟁이 우리의 문제를 해결해 줄 것이므로 진보파와 정부는 행복한 사회에 걸림돌이 된다.

현실은 그보다 훨씬 복잡하다. 예컨대 고도의 누진세제는 불의를 초래할 수 있다. 열심히 일하는 사람이 보상받지 못하고 오히려 고액 납세의 불이익을 당한다. 반면에 세율이 낮아 복지 혜택이 적은 사회는 다른 형태의 불의를 유발한다. 건강을 잘 돌보며 양질의 교육을 받을 수 있는 가정의 아이가 그렇지 못한 아이보다 훨씬 좋은 기회를 누린다. 요컨대 중대한 부작용은 어떤 정치제도에나 늘 있는 법인데 이념의 신봉자들은 그것을 인정하지 못한다. 또한 상대측의 좋은 면조차도 용인할 줄 모른다.

어떤 문화든 하나님을 몰아내다시피 하면, 사람에 따라 섹스와 돈과 정치가 그 빈자리를 채우게 된다. 우리의 정치 담론이 갈수록 이념화되고 양극화되는 것도 그 때문이다. 작금의 악의적인 공공 담론을 초당파적 제휴가 부족한 탓으로 보는 이가 많지만, 뿌리는 그보다 훨씬 깊다. 니버가 가르쳤듯이 그 근원은 태초로 거슬러 올라간다. 하나님으로부터 멀어진 우리가 총체적 무력감과 무방비 상태를 보충하려고 미친 듯이 애쓰기 때문이다. 이 모든 문제를 해결할 길은 하나님과의 관계를 치유하는 것뿐이다.

성경에 그런 치유의 극적인 사례가 나온다. 이야기의 주인공은 권력의지에 이끌려 세상 최고의 권좌에 오른다.

정서 불안과 불면증에 시달리다

BC 6세기에 바벨론 제국은 앗수르(앗시리아)와 애굽 대신 세계의 지배 강국으로 출현했다. 그들은 곧 유다를 침입하고 예루살렘을 점령해 군관, 장인, 학자 등 이스라엘의 전문직 계층을 바벨론에 포로로 끌고 갔다. 결국 알려진 세상의 대부분이 바벨론의 왕이자 장성인 느부갓네살의 지배하에 들어갔다. 그런데 성경의 다니엘서 2장에 보면 지상 최고의 권력자인 그는 불면증에 시달렸다.

> 느부갓네살이 다스린 지 이 년이 되는 해에 느부갓네살이
> 꿈을 꾸고 그로 말미암아 마음이 번민하여 잠을 이루지

>못한지라 왕이 그의 꿈을 자기에게 알려 주도록 박수와
>술객과 점쟁이와 갈대아 술사를 부르라 말하매 그들이
>들어가서 왕의 앞에 선지라 왕이 그들에게 이르되
>내가 꿈을 꾸고 그 꿈을 알고자 하여
>마음이 번민하도다 하니(단 2:1-3).

왕은 꿈속에 등장한 거대한 신상 때문에 몹시 괴로웠다. 어쩌면 그는 온 세상이 자신에 대해 그런 환상을 품기를 원했을 것이다. 자신이 '세상에 우뚝 솟은 난공불락의 거인'이 되고 싶었을 것이다.[19] 문제는 그 신상에 "진흙의 발"(34절)이 있어 결국 쓰러졌다는 것이다. 그는 식은땀을 흘리며 깨어났다. 자신의 제국이 무너진다는 뜻인가? 누군가가 와서 은밀한 약점을 노릴 것인가?

권력욕이 강한 사람은 극심한 두려움과 불안에 시달리는 경우가 많다. 니버는 많은 이가 두려움과 불안 때문에 정치 권력을 추구한다고 봤다.[20] 설령 권력을 얻으려는 이유는 두려움이 아니더라도 일단 권력을 얻고 나면 거의 언제나 두려움이 따라온다. 권력을 쥔 사람은 자신이 경쟁자의 과녁이자 질시의 대상임을 안다. 높이 올라갈수록 아

찔한 추락의 가망성도 더 커진다. 이제 잃을 게 아주 많기 때문이다.

버나드 메이도프는 폰지 사기로 650억 달러를 날려 150년 징역형을 선고받았을 때 공공연히 자신의 교만을 탓했다. 과거의 어느 해에 그는 거액의 손실을 보고했어야 했으나 '재정관리사로서 자신의 실패를 인정할' 수 없었다.[21] 자인했을 때 뒤따를 권력과 평판의 상실을 받아들일 수 없었다. 일단 폰지 사기로 약점을 숨기기 시작하자 그는 언제든 '빠져나갈' 수 있다는 생각에 '사기 규모가 커져도 자신의 오판을 인정할 수 없었다.'[22]

이렇듯 권력은 종종 두려움에서 태동해 다시 더 큰 두려움을 낳는다. 꿈 때문에 표면으로 떠오른 느부갓네살의 불안한 정서는 지독히 불편했다. 잘 인정하지 않지만 권력자도 실제로는 자신을 아주 약하게 느낀다.

무력함에 대한 깊은 두려움

느부갓네살은 니버가 《인간의 본성과 운명》(*The Nature and Destiny of Man*, 종문화사 역간)에 말한 죄와 정치와 권력을 그대로 보여 주는 전형적 사례다. "죄인으로서의 인간"이라는 장에서 니버는 "인간은 정서적으로 불안하며 …… 그 불안을 권력의지로 극복하려 한다.…… 자신이 유한하지 않은 척한다"라고 역설했다.[23]

인간은 자신의 삶을 지배할 힘이 거의 전무하다. 인생의 노선을 결정짓는 요인의 95퍼센트는 전혀 우리 소관이 아니다. 출생 시기와 장소, 부모와 가족, 유년기의 환경, 외모, 유전적 재능, 대부분의 상황이 그렇다. 요컨대 우리의 존재와 소유는 전부 하나님께 받은 것이다. 우리는 무한한 창조주가 아니라 유한하고 의존적인 피조물이다.

영국의 시인 W. E. 헨리는 10대 때 한쪽 다리를 절단하는 아픔을 겪었으나 훗날 비평가와 작가로 명성을 얻었다. 청년 시절에 그는 도발적으로 "Invictus"(천하무적)라는 라틴어 제목을 붙인 유명한 시를 썼다.

> 개의치 않으리, 문이 아무리 좁고
> 명부에 적힌 형벌이 아무리 많아도.
> 나는 내 운명의 주인이요
> 나는 내 영혼의 선장이기에.

니버가 지적했듯이 이는 터무니없는 과장이며 "교만의 죄에 물들어" 왜곡된 현실관이다.[24] 물론 삶의 장애물을 극복하는 일을 시시하게 여길 사람은 아무도 없다. 그러나 헨리가 문학적 재능과 평균 이상의 지능을 타고나지 못했거나 다른 부모에게 태어나 다른 사람들과 맺어졌다면 그의 성공은 불가능했을 것이다. 헨리도 다섯 살 된 딸이 죽었을 때 느부갓네살처럼 무력함에 직면할 수밖에 없었고 그 타격에서 끝내 회복하지 못했다. 그 역시 도도한 세파 속의 유한하고 부족한 인간이었다.

인간에게는 무력함에 대한 깊은 두려움이 있고 이 두려움은 우리가 하나님으로부터 멀어진 데서 비롯되었다. 니버의 말이 맞다면 우리가 이 두려움을 떨치려는 방식도 정치와 정부만이 아니라 틀림없이 더 많을 것이다. 권력의 우상은 "근원적 우상"이며 다른 수많은 "표면적 우상"을 통해 표출될 수 있다.[25]

내가 대학 시절에 알았던 제임스는 그리스도를 믿기 전에 여색을 밝히기로 유명했다. 매번 그는 여자를 유혹해 일단 잠자리를 갖고 나면 이내 흥미를 잃고 헤어졌다. 기독교를 받아들인 그는 성적 일탈을 금방 끊고 기독교 사역에 열중했지만 근원적 우상은 달라지지 않았다. 수업이나 토론 때마다 그는 논쟁을 일삼으며 이기려 들었고, 자신이 회장이 아닌 모임에서도 늘 회장 행세를 하려 했다. 자신의 새로운 신앙을 주제로 대화할 때도 회의론자들을 거칠게 대해 마찰을 일으켰다.

결국 그의 의미와 가치는 그리스도께 옮겨진 게 아니라 여전히 타인에게 권력을 행하사는 것에 기초해 있음이 분명해졌다. 그런 권력을 통해 그는 자신이 살아 있음을 느꼈다. 제임스가 여러 여자들과 잠자리를 한 것은 그들에게 매력을 느껴서가 아니라 마음만 먹으면 동침할 수 있다는 권력을 얻기 위해서였다. 권력만 얻고 나면 여자는 더 이상 흥밋거리가 못 되었다. 그가 기독교 사역에 들어서려 한 것 또한 하나님과 사람들을 섬기고 싶어서가 아니라 자기가 옳고 자기에게 진리가 있다는 그 권력을 얻기 위해서였다. 권력의 우상이 성적인 형태에서 종교적인 형태로 바뀌었을 뿐이었다. 그렇게 이 우상은 꼭꼭 숨어 있었다.

이렇듯 권력의 우상은 눈에 보이는 세상 권력을 쥔 자만의 것이 아니다. 누구나 작고 사소한 방식으로 권력을 추구할 수 있다. 동네의 불량배가 될 수도 있고, 하위급 관료주의자가 되어 자기 휘하의 몇 사람을 쥐락펴락할 수도 있다. 권력의 우상은 우리 주변 어디에나 있다. 그렇다면 해결책은 무엇인가?

다 하나님께 받은 것

느부갓네살의 현자들은 그의 꿈을 해몽하지 못했다. 결국 유다에서 끌려온 포로 출신의 다니엘이라는 궁정 관리가 대령했다. 하나님의 능력으로 그는 왕이 말하기도 전에 꿈의 내용을 먼저 아뢰고는 내처 해몽까지 내놓았다.

> 왕이여 왕이 한 큰 신상을 보셨나이다 그 신상이 왕의 앞에 섰는데 크고 광채가 매우 찬란하며 그 모양이 심히 두려우니 그 우상의 머리는 순금이요 가슴과 두 팔은 은이요 배와 넓적다리는 놋이요 그 종아리는 쇠요 그 발은 얼마는 쇠요 얼마는 진흙이었나이다 또 왕이 보신즉 손대지 아니한 돌이 나와서 신상의 쇠와 진흙의 발을 쳐서 부서뜨리매 그때에 쇠와 진흙과 놋과 은과 금이 (동시에) 다 부서져 여름 타작마당의 겨같이 되어 바람에 불려 간

곳이 없었고 우상을 친 돌은 태산을 이루어

온 세계에 가득하였나이다(단 2:31-35).

신상은 지상의 나라들을 상징했다. 그 거대한 우상의 생김새는 우상화되는 인간의 권력과 성취를 대변했다. 무역과 문화, 법과 권력 등 인간의 자화자찬에 동원되는 모든 문명이었다. 신상을 부서뜨린 것은 돌인데, 이 돌은 신상의 나머지 재료와는 대조적으로 "손대지 아니한"(34절) 것이었다. 하나님에게서 난 것이었다. 신상의 어떤 금속보다도 귀하지 않은 돌이지만 결국은 가장 강력한 요소였다. 다니엘이 말했듯이 이 돌은 어느 날 지상에 세워질 하나님의 나라였다(44절 참조).

이 꿈은 겸손을 명하는 경종의 메시지였다. 비록 상황이 전제군주에게 유리해 보일 때가 많아도 하나님은 결국 그들을 서서히 또는 일거에 낮추신다.[26] 권력자가 알아야 할 것은 스스로 권력을 얻어 낸 게 아니라 하나님께 받았을 뿐이며 인간의 모든 권력은 결국 무너진다는 사실이다.

꿈의 지시대로라면 느부갓네살은 신에 대한 개념을 바꿔야 했다. 이교도인 그는 세상에 신과 초자연적 세력이 많다는 다원주의를 믿었을 것이다. 딱 하나의 우월하고 전능한 입법자가 존재해서 자신을 비롯한 모든 사람이 그 신 앞에 삶을 결산해야 한다고 믿지는 않았을 것이다. 그런 그에게 새로운 메시지가 들려왔다. 유일하신 하나님이 계시므로 자신의 권력 행사를 주권자이자 재판장이신 그분 앞에서 책임져야 한다는 것이었다.

느부갓네살은 이 메시지를 받아들였다.

> 이에 느부갓네살 왕이 엎드려 다니엘에게 절하고 명하여
> 예물과 향품을 그에게 주게 하니라 왕이 대답하여
> 다니엘에게 이르되 너희 하나님은 참으로 모든 신들의
> 신이시요 모든 왕의 주재시로다 네가 능히 이 은밀한 것을
> 나타내었으니 네 하나님은 또 은밀한 것을
> 나타내시는 이시로다(단 2:46-47).

왕은 하나님이 "모든 왕의 주재"시라고 고백했다. 세상 최고의 권력자가 납작 엎드린 것은 평소의 교만하던 느부갓네살에게 전혀 어울리지 않는 겸손한 행위였다.

현대인의 위험한 신관

여기서 우리는 신학의 중요성을 배운다. 우리가 권력과 통제에 중독됨은 다분히 하나님관이 잘못된 탓이다. 우리 스스로 신을 만들어 내면 '내 운명의 주인'이 될 수 있다.

사회학자 크리스천 스미스는 미국의 젊은층을 지배하는 하나님관을 "도덕주의적 치유의 이신론"이라 불렀다. 그의 책 *Soul Searching: The Religious and Spiritual Lives of American Teenagers*(영혼의 성찰: 미국 청소년의 종교적·영적 삶)에 그 신념이 기술되어 있다. 하나님은 착하고 점잖게 살려는 이들을 복 주시고 천국으로 인도하신다(도덕주의적 신념). 삶의 핵심 목표는 희생이나 자기부인이 아니라 행복과 좋은 자아상이다(치유의 신념). 하나님이 존재하시고 세상을 창조하시긴 했지만 문제가 있을 때를 제외하고는 우리 삶에 딱히 개입하실 필요가 없다(이신론).[27]

이런 하나님관을 품으면 말 그대로 스스로 '내 운명의 주인이요 내 영혼의 선장'이 된다. 구원과 행복은 당신에게 달려 있다. 일각의 지적에 따르면 '도덕주의적 치유의 이신론'은 특권층의 안락하고 형통한 사회에서만 생겨날 수 있다. '정상에 오른' 이들은 어떻게든 그 지위를 자기

지성과 재주와 노력 탓으로 돌리려 한다.

하지만 현실은 그보다 훨씬 복잡하다. 개인적 인맥, 가정환경, 순전한 행운 등이 성공의 정도를 결정짓는다. 인간은 유전, 환경, 본인의 선택 등 3대 요인의 산물인데 그중 둘은 철저히 우리의 소관 밖이다. 대중적인 하나님관과 현실관에 따르면 다들 자기가 잘나서 성공하는 것 같지만, 사실은 결코 그렇지 않다.

흔히 대중문화는 젊은이들에게 '마음만 먹으면 무엇이든 될 수 있다'라고 말한다. 하지만 프로 풋볼 수비수가 되는 게 평생의 꿈인 키 162센티미터의 18세 아이에게 그것은 잔인한 말이다. 극단적인 예로 당신이 몽골 유목인의 원형 텐트에서 태어났다면 아무리 열심히 노력하거나 재능을 발휘해도 소용없이 결국 가난하고 무력해졌을 것이다. 좀 더 가까운 예로 가정환경이 당신에게 미치는 영향을 생각해 보라. 어렸을 때는 절대로 부모처럼 되지 않고 나만의 길을 가겠다고 다짐할지 모른다. 하지만 중년쯤 되면 출신 집안의 흔적이 더 분명해질 것이다.

말콤 글레드웰이 《아웃라이어》(*Outliers*, 김영사 역간)에서 수많은 사례 연구를 통해 예증했듯이 우리의 성공은 다분히 환경의 소산이다. 일례로 모두 1930년 전후에 태어난 뉴욕의 많은 유대인 변호사들은 '시간의 우연' 덕분에 온갖 혜택을 누렸다. 우선 학교에 학생 수가 적어 교사의 주목을 더 많이 받았다. 당시 그들에게는 매우 양질이면서도 비싸지 않은 대학과 법률 교육의 문이 열려 있었다. 또 반유대주의 정서 때문에 백인 상류층 로펌에서 배제된 그들은 기성 변호사가 맡지 않던 주주총회의 위임장 쟁탈전 같은 특수 분야로 부득이 빠졌는데, 덕분에 적대적 인수합병이 시작되던 1970년대와 1980년대에 경쟁력에서 엄청난 우위를 점했다. 결국 모두 돈방석에 앉았다.[28]

나라면 글래드웰과 달리 유전과 환경과 본인의 선택이라는 3대 요인에 똑같은 비중을 두겠지만, 그래도 그 책에 충분히 논증된 사실이 있다. 우리 성공은 생각만큼 그렇게 자신이 잘나서 된 게 아니다. 현재의 우리를 있게 한 요인은 다분히 하나님의 손안에 있다. 사도 바울의 말마따나 우리는 '서로 대적하여 교만한 마음을 가지지 말아야' 한다(고전 4:6 참조). "누가 너를 남달리 구별하였느냐 네게 있는 것 중에 받지 아니한 것이 무엇이냐 네가 받았은즉 어찌하여 받지 아니한 것같이 자랑하느냐"(7절).

느부갓네살은 자신이 권좌에 오른 것을 자기 공로로 돌렸다. 그런데 이제 겸손해지면서 잘못된 신관이 바뀌기 시작했다. 하지만 변화는 썩 깊지 못했다. 하나님의 개입이 더 필요했다.

망하라고 연단하지 않으신다

다니엘 4장에 보면 느부갓네살은 왕궁의 자기 집에 무사태평하게 있던 중에 또 꿈을 꾸었다. 이번 꿈은 번민뿐만 아니라 두려움까지 안겨 주었다. 꿈속에 아주 큰 나무가 보이는데, 그 높이는 하늘에 닿았으니 그 모양이 땅끝에서도 보이겠고 육체를 가진 모든 것이 거기에서 먹을 것을 얻었다. 그런데 그 나무를 베라는 소리가 들렸다(11-12, 14절 참조). 그 소리는 나무를 의인화하며 이렇게 말을 이었다. "그 뿌리의 그루터기를 땅에 남겨 두고 …… 또 그 마음은 변하여 사람의 마음 같지 아니하고 짐승의 마음을 받아 일곱 때를 지내리라"(15-16절).

왕은 두려워 떨며 다니엘을 불러들였다. 꿈의 내용을 들은 다니엘은 낯빛이 하얗게 변해서 잠시 말없이 서 있다가 해몽을 내놓았다.

> 왕이여 그 해석은 이러하니이다 곧 지극히 높으신
> 이가 명령하신 것이 내 주 왕에게 미칠 것이라 왕이
> 사람에게서 쫓겨나서 들짐승과 함께 살며 소처럼 풀을
> 먹으며 하늘 이슬에 젖을 것이요 이와 같이 일곱 때를
> 지낼 것이라 그때에 지극히 높으신 이가 사람의 나라를
> 다스리시며 자기의 뜻대로 그것을 누구에게든지 주시는
> 줄을 아시리이다 또 그들이 그 나무뿌리의 그루터기를
> 남겨 두라 하였은즉 하나님이 다스리시는 줄을 왕이
> 깨달은 후에야 왕의 나라가 견고하리이다 그런즉 왕이여
> 내가 아뢰는 것을 받으시고 공의를 행함으로 죄를
> 사하고 가난한 자를 긍휼히 여김으로 죄악을 사하소서
> 그리하시면 왕의 평안함이 혹시 장구하리이다(단 4:24-27).

첫 번째 꿈은 어떤 의미에서 이론 공부였다. 하나님의 속성과 인간 권력의 속성을 알리는 일반적 내용이었다. 이번에는 하나님이 실습으로 들어가신다. 이론 공부는 도움이 되지 않았다. 이 왕은 여전히 폭군이었고 특정 인종

과 계층과 빈민을 압제했다(27절 참조). 그래서 하나님은 그가 터득해야 할 교훈을 삶으로 가르치신다.

하지만 희망이 있었다. 나무가 베어지되 그루터기는 땅에 남겨져 나중에 다시 자랄 것이다. 하나님의 목표는 응징이나 복수나 파멸이 아니라 징계였다. 고통을 주시되 그 취지는 교정과 구속(救贖)이었다.

그렇다면 하나님이 느부갓네살의 심중에 새겨 주시려던 교훈은 무엇인가? 바로 '지극히 높으신 이가 사람의 나라를 다스리시며 자기 뜻대로 그것을 누구에게든지 주시며 또 지극히 천한 자를 그 위에 세우신다'는 사실이다 (17절 참조). 누구든지 성공한 사람은 하나님의 과분한 은총을 받은 수혜자라는 뜻이다.

권력과 재물과 영향력의 위계에서 세상의 정상에 오른 이들도 사실은 '지극히 천한 자'일 뿐 여느 누구보다 나을 게 하나도 없다. 이것은 초보 형태의 복음이다. 즉 우리에게 있는 것은 다 은혜의 산물이지 우리 '행위'나 노력의 산물이 아니다.

하나님의 말씀은 이런 것이나 같다. '느부갓네살 왕아, 네 권력이 하나님의 은혜로 주어진 것임을 알아야 한다. 그것을 안다면 너는 더 안정되어 느긋하면서도 동시에 더 겸손하고 정의로워질 것이다. 그러나 그 지위를 네 공로와 노력으로 얻었다고 생각한다면 너는 계속 두려움에 시달리고 잔인해질 것이다.'

> 열두 달이 지난 후에 내가 바벨론 왕궁 지붕에서 거닐새
> 나 왕이 말하여 이르되 이 큰 바벨론은
> 내가 능력과 권세로 건설하여 나의 도성으로 삼고
> 이것으로 내 위엄의 영광을 나타낸 것이 아니냐
> 하였더니(단 4:29-30).

왕이 자신의 왕국을 굽어보는 사이 교만한 마음이 고개를 들었다. 그 순간 하늘에서 소리가 들려왔다. "네가 사람에게서 쫓겨나서 들짐승과 함께 살면서 소처럼 풀을 먹을 것이요 …… 지극히 높으신 이가 사람의 나라를 다스리시며 자기의 뜻대로 그것을 누구에게든지 주시는 줄을 알기까지 이르리라"(31-32절).

즉시 느부갓네살은 일정 기간 동안 중증 정신 질환으로 보이는 상태에 빠졌다. 너무 미쳐서 실내에서는 살 수

없어 궁중 땅바닥에서 짐승 틈에 섞여 살았다.

날 위해 밑바닥까지 내려가신 왕

어떻게 된 일인가? 죄의 큰 아이러니 중 하나는 인간이 인간 이상의 신처럼 되려 하면 오히려 인간 이하로 추락한다는 것이다. 스스로 하나님이 되어 자기 영광과 권력을 위해 살면 가장 짐승 같고 잔인한 행동이 뒤를 잇는다. 교만한 사람은 인격체가 아니라 약탈자가 된다.[29] 이 왕이 바로 그렇게 되었다.

C. S. 루이스가 쓴 《새벽 출정호의 항해》(The Voyage of the Dawn Treader, 시공주니어 역간)에 등장하는 주인공 중에 유스터스 스크럽이라는 소년이 있다. 그는 분명히 권력욕이 있었는데, 이를 아이 특유의 비열하고 쩨쩨한 방식으로 표출했다. 남을 놀리고, 동물을 괴롭히고, 고자질하고, 권위 있는 어른에게 알랑거리는 식이었다. 그는 수습생 단계의 느부갓네살이었다.

어느 날 밤 유스터스는 동굴 속에 산더미처럼 쌓인 보물을 발견했다. 신이 나서 이제부터 누릴 안락과 권력의 삶을 상상하고 있는데 깨어 보니 끔찍하게도 자신이 추악한 용으로 변해 있었다. "용의 보물 더미 위에서 용처럼 탐심을 품고 자다가 그 자신이 용이 되고 말았다."[30]

용이 된 것은 '당연한 논리적 결과'였다. 용처럼 생각했으니 용이 된 것이다. 권력에 집착하는 사람은 비정한 약탈자가 된다. 사람은 자신이 숭배하는 대상처럼 되는 법이다.[31]

이제 유스터스는 엄청난 권력의 소유자가 되었다. 꿈꿨던 것보다 훨씬 힘이 세졌지만, 동시에 그는 두려웠고 추악했고 극히 외로웠다. 물론 이는 권력을 위한 권력이 우리에게 남기는 결과다. 유스터스는 변해 버린 자기 모습에 충격을 받아 겸손해졌고 다시 평범한 아이로 돌아가고 싶었다. 교만이 사라지자 마음속의 우상숭배도 치유되기 시작했다.

그러던 어느 날 용 유스터스는 밤에 신비로운 사자를 만났다. 사자는 그에게 용의 허물을 "벗으라"라고 도전했다. 그는 용케 한 꺼풀을 벗었으나 속은 여전히 용이었다. 계속 시도했지만 진전이 없었다. 마침내 사자가 말했다.

"나한테 맡겨야 벗겨진다." 물론 그의 갈고리 발톱이 무서웠지만 이제는 나도 다급할 대로 다급했다. 그래서 그냥 벌렁 드러누워 그에게 맡겼다. 처음에 움키는 그의 발톱이 어찌나 깊던지 내 심장까지 와 박히는 줄 알았다. 그가 허물을 잡아당기는데 그런 아픔은 정말 처음 경험했다. …… 어쨌든 그는 짐승 가죽을 감쪽같이 벗겨냈다. 나도 세 번이나 똑같이 했던 것 같은데 그때는 아프지 않았다. 풀밭에 놓인 허물은 전보다 훨씬 두껍고 거무스름하고 울퉁불퉁해 보였다. 어느덧 나는 껍질을 벗겨낸 나뭇가지처럼 매끄럽고 보드라워졌으며 전보다 작아졌다. …… 다시 아이로 돌아온 것이다.[32]

동화 속의 사자 아슬란은 그리스도를 상징한다. 이 이야기는 그리스도인이라면 누구나 깨달은 사실을 증언해 준다. 즉 교만은 죽음과 몰락과 인간성 상실을 낳는다는 것이다. 그러나 교만 때문에 마음이 독해지는 게 아니라 겸손해지면 교만이 죽으면서 부활이 찾아올 수 있다. 자기 영광을 위해 살지 않고 하나님께로 돌아오면 완악하던 마음이 부드러워져 마침내 온전한 인간이 될 수 있다.

느부갓네살에게도 비슷한 일이 벌어졌다. 그의 간증을 들어 보자.

> 그 기한이 차매 나 느부갓네살이 하늘을 우러러 보았더니 내 총명이 다시 내게로 돌아온지라 이에 내가 지극히 높으신 이에게 감사하며 영생하시는 이를 찬양하고 경배하였나니 그 권세는 영원한 권세요 그 나라는 대대에 이르리로다 …… 그때에 내 총명이 내게로 돌아왔고 또 내 나라의 영광에 대하여도 내 위엄과 광명이 내게로 돌아왔고 또 나의 모사들과 관원들이 내게 찾아오니 내가 내 나라에서 다시 세움을 받고 또 지극한 위세가 내게 (전보다) 더하였느니라 (단 4:34, 36).

"하늘을 우러러" 하나님을 봤을 때 그 결과는 정신을 회복하는 것 그 이상이었다. "지극한 위세가 내게 전보다 더하였다"(36절, NIV). 여기 은혜의 깊은 원리가 있다. 그 궁극의 예를 예수님에게서 볼 수 있다. 우리는 속으로 '나는 하나님처럼 높아져 내 이름을 떨치리라'라고 말하지만 예수님은 '나는 그들을 위해 저 바닥까지 내려가리라'라고 말씀하셨다.

그분은 인간이 되어 우리 죄 때문에 십자가에서 죽으셨다(빌 2:4-10 참조). 우리를 구원하려고 모든 권력을 잃고 섬기셨다. 그렇게 죽으셨으나 그 죽음이 구속과 부활로 이어졌다. 그러므로 당신도 한없이 연약해질 때 유스터스와 느부갓네살과 예수님처럼 "아버지 내 영혼을 아버지 손에 부탁하나이다"(눅 23:46)라고 고백한다면 그때 성장하고, 변화하고, 부활할 수 있다.

예수님의 모본과 은혜는 우리 권력의지를 치유한다. 무력감이 들면 우리는 흔히 그것을 부인한다. 그렇게 부인하며 살아가려고 애꿎은 사람들을 지배하고 통제한다. 하지만 예수님은 다른 길을 보여 주신다. 그분은 권력을 버리고 섬기심으로 역사상 가장 영향력 있는 인물이 되셨다.

그러나 예수님은 단순한 모델이 아니라 구주이시다. 그분의 사랑 안에 견고해지려면 우리 죄와 결핍과 무력함을 인정하고 그분의 자비에 의지해야만 한다. 그러면 새로 능력을 입되 이제는 남을 압제하지 않게 된다. 정서 불안은 사라지고 권력욕도 뿌리가 잘려 나간다. 어느 설교자의 말마따나 "내려가는 게 곧 올라가는 길이고 올라가는 게 곧 내려가는 길이다."

Counterfeit Gods

가면 쓴 숨은 신들 —— 문화와 종교

은혜 없는 복음은
'가짜 하나님'을 만든다

6

지금까지는 로맨틱한 사랑, 재정적 형통, 정치적 성공 등 개인적 우상을 살펴봤다. 이런 가짜 신은 어렵지 않게 눈에 띈다. 그러나 우리에게 영향을 미치면서도 더 깊이 숨어 있는 우상도 있다. 우리 마음의 우상이라기보다는 문화와 사회의 우상이다.

수익의 신, 도덕과 사회를 무너뜨리다

최근에 〈뉴욕 타임스〉 일요판 의견란에 한 기고자가 '멜리사'라는 친구에 대한 글을 올렸다. 멜리사는 JP모건의 부사장이었다가 최근에 해고된 29세의 여성이다. "거의 모든 사람이 여전히 월 가(Wall Street)에 대해 분통을 터뜨리고 있지만 …… 멜리사는 회사가 망하는 동안 거액의 보너스나 챙기는 악랄하고 탐욕스러운 금융업자의 전형은 딱히 아니었다." 멜리사가 고소득인 건 맞지만 친구들이나 비영리 자선단체에 돈을 아주 후하게 썼다. 하지만 그녀는 비우량 주택융자, 학자금 대출, 신용카드 부채를 증권화하는 일을 전문으로 했다. "멜리사가 퍼즐처럼 짜맞춰서 투자자들에게 판 이 모든 부채는 경제를 붕괴시키는 악재로 작용했다. 하지만 그녀는 마땅히 했어야 할 그 생각을 미처 하지 못했다."[1]

왜 그런 생각이 들지 않았을까? 4장에 살펴본 네이턴 해치의 말처럼 우리 문화는 직장에 대해 그런 질문을 하도록 학생들을 준비시켜 주지 못한다. 대개 유일한 질문은 수입이 얼마나 되느냐는 것이다.

하버드경영대학원의 2009년 졸업생 중 거의 절반은 졸업하기 전날 비공식 행사에서 다음과 같이 다짐했다. "지극히 정직하게 행동할 것, 내 좁은 야망을 채우기 위한 결정과 행동을 거부할 것, 내 사업으로 사회에 창출할 장기적 가치를 높이는 쪽으로 일할 것" 등이었다.[2]

〈이코노미스트〉는 이 "MBA 선서"를 보도하면서, 경영자의 유일한 목표는 주주의 자산 가치를 극대화하는 것이라 한 밀턴 프리드먼의 주장을 환기시켰다.[3] 이런 전통적 논지에 따르면 기업이 공공선을 증진하는 길은 일자리를 창출하고 신제품을 생산하는 것뿐이다. 정직과 부정직에 대한 상과 벌은 시장이 알아서 내린다. 거짓말하거나 속이면 결국 발각되어 손해를 보게 되어 있다. 따라서 사업의 유일한 목표는 수익을 극대화하는 것이다. 윤리적 경영이니 사회를 배려하는 기업이니 하는 말은 모두 불필요하다는 것이다.

선서에 서명한 졸업생들은 당당히 다른 길을 택했다. 이익을 추구하는 경영자는 주가를 신속히 올리려고 무엇이든 하느라 회사의 장기적 건강을 희생하고 직원과 고객과 환경의 진정한 유익을 희생할 수 있다. 그러고 나서 경영자가 (회사로부터 인센티브로 받은 콜옵션을 행사하여-편집자 주) 막대한 현금 이득을 취해 버리면, 나머지 모든 사람들은 더욱 가난해지게 된다. 한편 직원의 보수를 올려 주고 작업환경을 좋게 해 주면 장기적으로 수익이 높아진다고 주장하는 이가 있지만, 이는 자명한 사실이 아니다. 그런 혜택을 제공하되 수익성 제고라는 목적의 수단으로서만 아니라 그 자체가 옳고 선한 일이기에 해야 한다.

정직하고 성실하면 늘 사업에 득이 된다는 말도 사

실이 아니다. 상황에 따라 정직해서 오히려 재정이 파탄 날 수도 있으며, 따라서 정확한 비용편익분석(cost-benefit analysis)대로라면 거짓말하다 발각될 모험은 얼마든지 해 볼 만하다. 직원과 환경을 향한 정직과 헌신 같은 것은 그 자체가 선하기에 수익과 똑같이 중요한 것으로 받아들여야 한다. 그렇지 않으면 성실성이 유지되지 않는다.

선서의 주인공들이 역설했듯이 수익은 선한 것인데 가짜 신이 되어 절대 가치로 둔갑했다. 그 결과 도덕과 사회가 무너져 내렸다. 이들의 선서는 사회 질서에 구조적으로 광범위한 영향을 미쳐 온 문화적 우상에 맞서려는 노력이었다.

이 시대는 근본적 희망을 어디에 두는가

앤드류 델방코는 *The Real American Dream*(진짜 아메리칸드림)에 이렇게 썼다. "우리는 자신이 무의미한 세상에 살고 있다는 침울한 의혹을 이야기와 상징으로 떨치려 한다. 내가 말하는 문화란 바로 그런 이야기와 상징을 뜻한다."[4]

모든 문화의 기저에는 주된 '희망'이 있다. 곧 문화가 구성원에게 말해 주는 삶의 관건이 있다. 델방코는 각 시대의 근본적 희망을 기준으로 미국 문명을 3단계로 추적해서 순서대로 "하나님, 국가, 자아"라는 이름을 붙였다. 첫 번째 시대에는 "희망이 주로 기독교 이야기를 통해 표현되었다. 그 이야기는 고난과 쾌락 양쪽 다에 의미를 부여했고 죽음으로부터의 구원을 약속했다." 두 번째 단계에는 "계몽주의가 인격신을 몰아내고 …… 대신 그 자리를 …… 신격화된 국가라는 개념으로 채웠다."[5] 델방코가 1960년대에 무너지기 시작했다고 본 이 제2기는 기존의 신성하다는 개념을 국가 자체에 투사했다. 그리하여 미국은 '구원의 국가'로 자처했고 미국의 정부 제도와 생활 방식은 온 세상의 희망이 되었다.

오늘날 초월과 의미에 대한 욕구는 개인의 자아와만 관계될 뿐 그보다 더 중요한 것과는 모두 무관하다. 누구나 자기가 원하는 대로 될 자유가 있다는 것이다. 애국심에 호소하는 '국익 우선'의 옛 사고방식은 젊은이에게 통하지 않는다. 이제 삶의 관건은 공동체의 제약을 벗어나 개인의 자유를 극대화함으로써 자아를 창출하는 데 있다.

델방코의 문화 분석은 사실상 우상에 대한 분석이다. 수익의 극대화가 지금처럼 위력적이 된 이유는 '자아'

의 시대라는 개념으로 설명된다. 이제 우리를 형성하고 몰아가는 복잡한 요인들이 보인다. 문화를 지배하는 '희망'이 하나님 자신이 아니라면 그런 희망은 다 가짜 신이다. 요컨대 우상에는 개인적 형태만 있는 게 아니라 집단적이고 구조적인 형태도 있다. 특정한 우상에 대한 집착을 정상으로 여기는 사회에 완전히 파묻혀 있으면 그 우상의 실체를 분간하기가 거의 불가능해진다.

한 문화가 다른 문화보다 우상을 덜 숭배한다고 생각해서는 안 된다. 전통 사회는 가족 단위와 가문을 궁극적 절대 가치로 떠받드는 경향이 있다. 그러면 집안을 욕되게 한 사람을 죽이는 명예 살인, 여성을 재산으로 취급하는 관행, 성소수자를 향한 폭력 등이 뒤따를 수 있다. 반면에 서구의 세속 문화는 개인의 자유를 우상화하는데 이는 가정의 붕괴, 만연한 물질만능주의, 출세주의, 로맨틱한 사랑과 미모와 수익의 우상화 등으로 이어진다.

어떻게 하면 문화적 우상에 덜 속박될 수 있을까? 역사의 시초에는 하나님과 종교를 중심으로 사회가 세워졌다고 델방코는 지적했다. 그렇다면 종교를 더 보강하는 게 문화적 문제의 답일까? 꼭 그렇지만도 않다. 우상숭배는 워낙 만연해서 그 분야까지도 지배한다.

교리나 은사가 하나님 자리를 탐할 때

우상이란 하나님만이 주실 수 있는 것을 얻고자 우리가 의지하는 대상이다. 교리적 진리가 거짓 신의 지위로 격상되면 종교 공동체 안에도 우상숭배가 널리 퍼진다. 하나님 앞에서의 신분을 그분과 은혜에 의존하기보다 교리의 정확성에 의존하면 그렇게 된다. 이는 미묘하지만 치명적인 과오다. 이런 형태의 자기정당화에 빠진 사람의 징후는 잠언이 말하는 "거만한 자"가 된다는 것이다.[6] 거만한 자는 상대를 관대히 대하기보다 늘 경멸하고 멸시한다. 자신을 은혜로 구원받은 죄인으로 보지 않는다는 증거다. 오히려 그는 자기 견해가 옳다고 믿어 우월감에 빠진다.[7]

종교 공동체 내의 어떤 우상숭배는 사역 성과와 은사를 가짜 신으로 둔갑시킨다. 은사(재능, 능력, 행위, 성장)를 성경이 말하는 영적 "열매"(사랑, 기쁨, 인내, 겸손, 용기, 온유)와 혼동할 때가 많다.[8] 심지어 머리로는 '나는 은혜로만 구원받았다'라고 믿는 사역자도 가슴으로는 하나님 앞에서의 신분이 '내가 얼마나 많은 이의 삶을 변화시키고 있느냐'에 달려 있다고 느낄 수 있다.

또 다른 종류의 종교적 우상숭배는 도덕적 생활 자체와 관계된다. 다른 책에 자세히 논했듯이[9] 인간 심령의 기본값은 자신의 도덕적 행위로 하나님과 사람들을 통제하려는 것이다. 내가 덕스럽게 살아왔으니 하나님과 주변 사람도 마땅히 나를 존중하고 지지해야 한다는 심리다. 입술로는 예수님의 모본과 감화를 말할지 몰라도 우리는 여전히 구원을 자신과 자신의 도덕적 노력에 의지하고 있다.

델방코가 설명했듯이 계몽주의라는 문화 대격변은 종교적 정통을 버리고 국가 제도나 개인의 자아실현 같은 것을 하나님 자리에 두었다. 그 결과는 좋지 않았다. 국가를 하나님 자리에 두면 문화 제국주의에 빠지고, 자아를 하나님 자리에 두면 이 책 전반에 논한 많은 역기능적 역동이 뒤따른다.[10]

왜 희망이신 하나님을 우리 문화는 대부분 버렸을까? 우리 종교 공동체에 이런 거짓 신이 가득했고, 지금도 그렇기 때문이다. 정확한 교리나 사역의 성공이나 올바른 도덕을 우상으로 삼으면 끝없는 내부 갈등, 스스로 의롭게 여기는 교만, 견해가 다른 이들을 향한 압제 등에 빠진다. 종교적 우상숭배의 이런 악영향 때문에 종교 전반과 특히 기독교에 대한 반감이 만연해 있다. 종교를 의지하는 건 이미 시도해 봤다는 생각에 우리는 이런저런 다른 희망으로 돌아섰지만 그 결과는 참담하다.

이보다 더 부적격한 사명자도 없다

마음의 우상에만 맞선다고 될 게 아니다. 문화와 종교의 집단적 신이 개인적 우상을 잔뜩 부풀려 독극물을 만들어 낼 수 있다. 개인적으로 무력감을 느끼는 가난한 청년은 인종적, 종교적 혐오를 부추기는 사회운동에 쉽게 휩쓸릴 수 있다. 가족에게 사랑받지 못하며 겉모습과 육체적 매력의 소비문화에서 자란 젊은 여성은 섭식장애에 걸릴 수 있다. 우리를 몰아가는 각종 우상은 복잡하고 다층적이며 다분히 숨어 있다.

성경에서 볼 수 있는 가장 좋은 예는 아마 유명한 요나의 이야기일 것이다. 흔히 이를 큰 물고기에 삼켜진 인물에 대한 주일학교 공과쯤으로 생각하지만, 사실은 공들여 구상된 우상 내러티브다. 우상은 모든 면에서 우리 행동을 조종하며, 하나님의 뜻을 행하고 있다고 생각될 때조차도 우리를 그분으로부터 더 멀어지게 만든다. 이 이야기에서 정말 충격적인 대목은 요나가 물고기를 멀리 떠난 지 오랜 후인 끝부분에야 나온다.

요나서는 극적인 긴장감이 한껏 감도는 이야기를 첫 문장에서부터 치밀하게 내놓는다. "여호와의 말씀이 아밋대의 아들 요나에게 임하니라 이르시되 너는 일어나 저 큰 성읍 니느웨로 가서 그것을 향하여 외치라 그 악독이 내 앞에 상달되었음이니라 하시니라"(욘 1:1-2).

열왕기하 14장 25절에 보면 이스라엘 왕 여로보암은 요나가 시키는 대로 팽창주의 군사정책에 힘써 나라 영토를 넓혔다. 같은 시대의 아모스와 호세아는 왕실의 부패한 행정을 질타했다. 그런데 요나는 왕이 민족주의적 열의로 부국강병에 매달리는데도 그 잘못을 일부러 묵과한 듯 보인다.[11] 이런 선지자라면 니느웨 성으로 가서 말씀을 전하라 하신 하나님의 명령에 기겁했을 것이다.

니느웨는 세상에서 가장 막강한 도시로 앗수르 제국의 본산이었다. 이 제국이 군사력으로 이스라엘과 주변국을 쳐부수려 위협했으므로 어떤 식으로든 앗수르를 이롭게 하는 행위는 곧 이스라엘에 대한 자해 행위로 보였을 것이다. 사명은 '그 성읍의 악을 향하여 외치는 데' 그쳤다(욘 1:2 참조). 그래도 심판을 면할 가망이 없고서야 경고를 발할 이유도 없었을 테고, 요나도 그 점을 아주 잘 알았다.

하나님은 자비로 자기 백성의 철천지원수에게 다가가셨다. 이보다 더 직관에 반하는 사명은 상상할 수 없을 것이다. 하나님은 애국심이 투철한 유대인 선지자를 보내 그 일을 하게 하셨다. 이보다 더 부적격한 사신을 뽑을 수는 없을 것이다. 하나님이 명하신 일이 그에게는 당연히 언어도단으로 여겨졌을 것이다. 하지만 사명은 그것이었고 그는 이 사명을 맡은 선지자였다.

우상에 사로잡힌 선지자

> 그러나 요나가 여호와의 얼굴을 피하려고 일어나
> 다시스로 도망하려 하여 욥바로 내려갔더니
> 마침 다시스로 가는 배를 만난지라 여호와의 얼굴을

피하여 그들과 함께 다시스로 가려고

뱃삯을 주고 배에 올랐더라(욘 1:3).

요나는 동쪽의 니느웨로 가라는 명령을 일부러 거역하고 대신 일어나 다시스로 갔다. 그곳은 알려진 세상의 서쪽 끝에 있던 성읍이었다. 하나님이 하라고 하신 일과는 정반대로 한 것이다. 왜 그랬을까? 요나의 내적 동기는 4장에 가서야 다 밝혀지지만 본문의 이 대목에도 그가 하나님의 명백한 명령에 그토록 대놓고 불순종한 이유에 대해 몇 가지 단서가 나온다.

우선 요나는 실패가 두려웠을 것이다. 하나님은 이 히브리 선지자를 불러 세상에서 가장 막강한 도시에 홀로 들어가게 하셨다. 그는 그곳 사람들에게 하나님 앞에 무릎을 꿇으라고 외쳐야 했는데, 가능한 결과라고는 조롱이나 죽음밖에 없어 보였다. 웃음거리가 되는 것 못지않게 죽임을 당할 가능성도 높았다. 설교자는 자기 말이 먹히는 곳으로 가기를 원한다.

그러나 그는 아무리 작은 성공일지라도 사명의 성공 가능성이 또한 두려웠을 것이다. 앗수르는 잔인하고 폭압적인 제국이었고 이미 이스라엘에게 일종의 국제 보호 기금인 공물을 요구하고 있었다. 요나가 명령대로 니느웨에 하나님의 진노를 경고하면 자칫 그들이 살아남아 계속 이스라엘을 위협할 소지가 있었다. 애국자인 요나는 그런 사명에 가담하고 싶지 않았다.

결국 요나는 왜 도망갔을까? 답은 역시 우상숭배인데 이번에는 아주 복잡하다. 우선 요나 개인의 우상이 있다. 그는 하나님께 순종하기보다 사역의 성공을 더 원했다. 요나를 빚어낸 문화적 우상도 있다. 그는 하나님을 향한 순종과 니느웨 사람들의 영적 유익보다 이스라엘의 국익을 앞세웠다. 끝으로 요나의 종교적 우상이 있다. 그는 무조건 자신이 도덕적으로 옳다고 여겼다. 악한 이교도인 니느웨 사람들을 향해 우월감을 느꼈고 그들이 구원받는 게 싫었다.

요나의 문화적 우상과 개인적 우상은 한데 녹아 독소가 되어 감쪽같이 숨어 있었다. 이 때문에 그는 자신이 그토록 자랑스럽게 섬긴다는 하나님께 반항했다.

우상은 은혜를 가로막는다

요나는 하나님을 피하고 사명을 피하려고 배에 올라탔다. 그런데 하나님이 보내신 사나운 풍랑이 배를 침몰시킬 듯 위협했다(욘 1:4-6 참조). 유난히 지독한 풍랑임을 감지한 선원들은 이런 재앙을 부른 사람이 누구인지 보려고 제비를 뽑았다. 제비에 뽑힌 사람은 요나였다.

> 자기가 여호와의 얼굴을 피함인 줄을 그들에게
> 말하였으므로 무리가 알고 심히 두려워하여 이르되
> 네가 어찌하여 그렇게 행하였느냐 하니라 바다가 점점
> 흉용한지라 무리가 그에게 이르되 우리가 너를 어떻게
> 하여야 바다가 우리를 위하여 잔잔하겠느냐 하니 그가
> 대답하되 나를 들어 바다에 던지라 그리하면 바다가
> 너희를 위하여 잔잔하리라 너희가 이 큰 폭풍을 만난 것이
> 나 때문인 줄을 내가 아노라 하니라(욘 1:10-12).

선원들은 죽음이 두려워 요나의 말대로 그를 바닷속에 던졌다. 그러자 하나님이 보내신 물고기가 그를 삼켜 살려 냈다. 그분이 요나를 위해 예비하신 물고기였고, 덕

분에 요나는 회복하고 회개할 기회를 얻었다. 물고기의 배 속에서 그는 하나님께 기도한다.

> 요나가 물고기 배 속에서 그의 하나님 여호와께 기도하여 이르되 내가 받는 고난으로 말미암아 여호와께 불러 아뢰었더니 주께서 내게 대답하셨고 …… 내가 말하기를 내가 주의 목전에서 쫓겨났을지라도 다시 주의 성전을 바라보겠다 하였나이다 …… 거짓되고 헛된 것(우상)을 숭상하는 모든 자는 자기에게 베푸신 은혜를 버렸사오나 나는 감사하는 목소리로 주께 제사를 드리며 나의 서원을 주께 갚겠나이다 구원은 여호와께 속하였나이다 하니라 여호와께서 그 물고기에게 말씀하시매 요나를 육지에 토하니라(욘 2:1-2, 4, 8-10).

그는 "거짓되고 헛된 것을 숭상하는 모든 자"(8절)를 말했는데, 하나님이 요나에게 가라고 명하신 곳인 니느웨 백성이야말로 우상을 숭배하는 자들이었다. 그런데 요나가 그들에 대해 놀라운 말을 한다. 이 우상숭배자들이 '자기에게 베푸신 헤세드'를 버렸다는 것이다. '헤세드'란 하나님의 언약의 사랑, 구속(救贖)하시는 무조건적 은혜를 뜻하는 히브리어 단어로 그분과 그분의 백성인 이스라엘의 관계를 기술할 때 늘 쓰이는 용어다. 그런데 요나는 우상숭배자들이 "자기에게 베푸신 은혜"(8절)를 버렸다고 말한다. 하나님이 요나 자신에게만 아니라 그들에게도 은혜를 베푸심을 청천벽력처럼 깨달은 것이다.

그분은 왜 그러실까? 은혜는 은혜이기 때문이다. 아무도 참된 은혜를 받을 자격이 없으며 따라서 모두가 대등하다. 그 사실을 깨닫고 그는 "구원은 여호와께 속하였나이다"(9절)라고 덧붙였다. 구원은 어느 민족이나 계층에 속한 게 아니며, 종교적인 사람이라고 종교가 없는 사람보다 더 구원받을 자격이 있는 것도 아니다. 구원은 전혀 우리 쪽의 자격이나 공로에서 비롯되는 게 아니다. 구원은 오직 주님에게서 온다.

이 기도에 신기하게 암시되어 있듯이 요나는 자신의 실상을 깨달았다. 우리 삶 속에 은혜가 들어오지 못하게 막는 것은 무엇인가? 우상에 집착하면 그렇게 된다. 요나는 왜 하나님의 뜻과 마음을 그리도 몰랐을까?

답은 그의 우상숭배다. 요나는 실패하는 것을 두려

워했고, 자기 종교를 자랑했고, 자기 조국을 열렬히 사랑했다. 그것이 하나로 합해져 치명적인 우상 덩어리가 되었기에 그는 영적으로 눈이 멀어 하나님의 은혜를 보지 못했다. 그 결과 그는 은혜가 필요한 한 도시에 그 은혜를 베풀 마음이 없었고 그들이 다 죽기를 바랐다.

'은혜의 복음'과 공존할 수 없는 것들

인종적 우월감과 문화적 편협성은 은혜의 복음과 공존할 수 없다. 상호 배타적이라서 한쪽이 다른 한쪽을 밀어낸다. 인간의 마음은 자신을 정당화하는 본성이 있기 때문에 자기 문화나 계층의 특성이 나머지 모든 이보다 우월하다고 여긴다. 그런데 복음은 이런 본능적 성향을 저지한다.

바울이 베드로의 잘못을 지적한 갈라디아서 2장에서 그 예를 볼 수 있다. 유대인인 베드로 사도는 어려서부터 이방인이 영적으로 '부정한' 사람이라서 음식을 함께 먹어서는 안 된다고 배웠다. 고대 문화에서 음식을 함께 먹는다는 건 개방과 수용을 상징했다. 베드로가 일부러 이방 그리스도인과 함께 식탁에 앉지 않는 것을 보고 바울은 그의 민족적 우월감을 지적했다.

그런데 책망의 근거가 무엇인가? 바울은 '민족적 우월감을 금한 규정을 당신이 어기고 있소'라고 말한 게 아니라 베드로가 복음의 진리를 따라 바르게 행하지 않는다고 말했다(갈 2:14 참조). 바울에 따르면 인종적 편견은 은혜로만 구원받는다는 원리 자체를 부정한다.

그의 논지는 이런 것이다. '베드로여, 우리가 다 은혜로만 구원받는다면 어떻게 당신은 남에 대해 우월감을 느낄 수 있소? 어떻게 인종적, 민족적으로 계속 배척할 수 있소? 당신 마음에 먼저 복음을 적용하시오!' 물론 베드로도 한 차원에서는 복음을 알았으나 더 깊은 차원에서 온전히 복음으로 빚어지지 못했다. 그래서 "복음의 진리를 따라 바르게 행하지"(14절) 못했다.

> 그리스도 안에서 견고하지 못한 이들은 자기 확신을 떠받칠 영적 구명대를 찾아다닌다. 미친 듯이 찾느라고 자신의 알량한 능력과 의에 매달릴 뿐 아니라 어떻게든 자신의 인종, 소속, 몸에 밴 사회생활과 교회 생활, 문화 등을 통해 자신을 정당화하려 한다. 내면의 회의를

막겠다고 문화를 갑옷처럼 입으면 그것이 정신적
구속복이 되어 살에 들러붙는다.
그리스도가 이루신 구원을 총체적으로 믿지 않고는
결코 그 옷을 벗을 수 없다.[12]

물고기 배 속에서 요나는 자신이 여태 무엇을 놓쳤으며 하나님의 첫 부름에 왜 그토록 반감이 들었는지 깨달았다. 요나는 세상의 가장 큰 도시에 가서 은혜를 전하도록 부름받았으나 정작 본인이 그 은혜를 몰랐다. 한 방 맞고 겸허해진 그는 조금씩 진리를 깨달았다. 구원은 은혜이므로 누구나 받을 수 있다. 그 점을 이해하고 나자 그의 문화적 우상은 사라진 듯 보인다. 마침 그때 물고기가 그를 토해내 선지자 요나에게 다시 기회가 주어졌다.

위기의 때, 마음의 진면모가 드러나다

여호와의 말씀이 두 번째로 요나에게 임하니라 이르시되
일어나 저 큰 성읍 니느웨로 가서 내가 네게 명한 바를

그들에게 선포하라 하신지라 요나가 여호와의 말씀대로
일어나서 니느웨로 가니라 니느웨는 사흘 동안 걸을 만큼
하나님 앞에 큰 성읍이더라 요나가 그 성읍에 들어가서
하루 동안 다니며 외쳐 이르되 사십 일이 지나면 니느웨가
무너지리라 하였더니 니느웨 사람들이 하나님을 믿고
금식을 선포하고 높고 낮은 자를 막론하고 굵은 베옷을
입은지라 …… 하나님이 그들이 행한 것 곧 그 악한 길에서
돌이켜 떠난 것을 보시고 하나님이 뜻을 돌이키사 그들에게
내리리라고 말씀하신 재앙을 내리지 아니하시니라 요나가
매우 싫어하고 성내며(욘 3:1-5, 10; 4:1).

    이제부터 이야기는 거의 누구나 그냥 지나치는 대목으로 넘어간다. 하나님은 다시 요나에게 니느웨로 갈 것을 명하셨고 이번에는 그도 순종했다. 요나가 거기서 말씀을 전하기 시작하자 놀랍게도 성읍 사람들이 반응을 보였다.

    그 자신도 놀랐다. 한쪽에서 "하나님이 뜻을 돌이키시고 그 진노를 그치사 우리가 멸망하지 않게 하시리라 그렇지 않을 줄을 누가 알겠느냐"(9절)라는 말이 나오자 그들은 회개하기 시작했다. 그 결과 이 도시는 '악한 길'에서 돌

이켰는데 8절에는 그 악이 "강포"라 표현되어 있다. 과연 앗수르라는 나라는 강포가 극심했으나 이제 적어도 당분간은 이를 뉘우치며 고치려 했다.

하나님은 그들에게 자비를 베푸셨다. 니느웨 사람들이 유대인이 되었다든지 개종해 완전히 이스라엘 하나님을 섬겼다는 조짐은 없다. 그런 일이 없었는데도 그분은 형벌을 거두셨다. 그만큼 그분의 뜻이 벌하는 데 있지 않고 오매불망 구원하시는 데 있다는 증거다.

이야기를 읽던 사람은 누구나 이 놀라운 반전에서 책이 끝날 줄로 예상했을 것이다. 요나는 가망 없는 상황에서 죽다 살아나 자신의 사명을 다했고, 니느웨 사람들은 강포와 제국주의에서 돌이킬 조짐을 보였으며, 하나님은 자신이 모든 민족에게 한없이 자비롭고 사랑이 많으신 분임을 보여 주셨다. 이제 3장 끝에 이렇게 한 구절만 더 있으면 이야기는 종결될 것이었다. '이에 요나가 기뻐하며 자기 나라로 돌아가니라!'

그런데 실제는 그렇지 않았다. 진짜 충격은 요나의 가장 큰 승리였어야 할 그 순간에 찾아온다. 그가 세상에서 가장 막강한 도시에 말씀을 전하자 그들은 말 그대로 무릎을 꿇었다. 그런데 요나는 니느웨가 자신의 설교에 긍정적으로 반응한 것에 격노해서 하나님의 잘못이라 비난하면서 자신을 당장 죽여 달라고 했다!

> 여호와께 기도하여 이르되 여호와여 내가 고국에
> 있을 때에 이러하겠다고 말씀하지 아니하였나이까
> 그러므로 내가 빨리 다시스로 도망하였사오니 주께서는
> 은혜로우시며 자비로우시며 노하기를 더디 하시며
> 인애가 크시사 뜻을 돌이켜 재앙을 내리지 아니하시는
> 하나님이신 줄을 내가 알았음이니이다 여호와여 원하건대
> 이제 내 생명을 거두어 가소서 사는 것보다 죽는 것이
> 내게 나음이니이다 하니(욘 4:2-3).

마침내 요나의 동기가 속속들이 다 드러난다. 그가 따지는 말을 보라. '이럴 줄 알았습니다! 주님은 긍휼이 풍성하신 하나님이신지라 속히 용서하시고 어떻게든 구원하려 하시며 끝없이 인내하시는 줄을 제가 알았습니다! 그래서 못 믿을 분이라는 것도 알았습니다! 처음에 제가 달아난 것도 그 때문입니다! 이런 하나님을 전해 주면 그들

이 회개의 몸짓만 보여도 주님이 용서하실까 봐 두려웠습니다. 이제 저는 주님과는 끝입니다! 사임하겠으니 그냥 제 목숨을 거두어 주십시오!'

성경과 어쩌면 고대 문헌 전체에 이보다 더 경악스러운 발언은 없다. 마침내 요나의 우상이 탄로 났고, 이 나라와 민족을 혐오하는 그의 속마음이 드러났다. 요나는 앗수르 민족을 어찌나 증오했던지 하나님이 그들에게 베푸시는 용서를 사상 최악의 일로 보았다. 그는 니느웨 사람들의 죄를 지적하고 비난할 마음만 있었지 그들을 사랑할 수는 없었다. 그들이 하나님의 자비와 구원을 받는 것도 싫었다.[13]

어찌된 일인가? 모든 인간은 똑같이 하나님의 사랑을 받을 자격이 없으며, 따라서 똑같이 하나님의 은혜의 대상임을 요나는 물고기 배 속에서 깨달았다. 그러나 그의 우상숭배가 다시 고개를 쳐들었다. 그가 요나서 2장에서 깨달았던 하나님의 은혜는 다분히 지식적인 것이어서 마음속에까지 파고들지 못했다.

요나가 경종을 울려 주듯이 인간의 마음은 심지어 하나님께 직접 지도를 받아도 결코 빨리 변하거나 쉽게 변하지 않는다. 복음을 민족적 우월감에 적용하지 못한 베드로의 잘못을 바울이 지적해야 했듯이 요나를 빚으시는 하나님의 작업도 아직 끝나지 않았다.

지하실에 쥐가 있는지 알려면 계단을 천천히 걸어 내려가서는 안 된다는 말이 있다. 그러면 시끄러운 소리를 내도 주위에 아무것도 보이지 않는다. 정말 무엇이 있는지 알려면 상대가 깜짝 놀라도록 계단을 빨리 달려 내려가다 펄쩍 뛰어야 한다. 그러면 우르르 황급히 달아나는 작은 꼬리들이 보일 것이다. 마찬가지로 우리 마음의 진면목도 현실 생활에서 스트레스를 겪을 때 드러나는 법이다.

예컨대 그리스도인이라면 누구나 자신의 구주는 성공이나 재물이 아니라 그리스도라고 믿고 고백한다. 입으로는 사람들의 인정(認定)보다 그분이 나를 어떻게 보시느냐가 중요하다고 말한다. 그러나 원칙적으로는 예수님이 구주이셔도 여전히 우리 마음에 대한 사실상의 소유권은 다른 것들이 쥐고 있다. 요나에게서 보듯이 복음을 머리로 믿는 것과 마음 깊이 소화해 모든 사고와 감정과 행동이 변하는 것은 다른 문제다. 요나는 아직도 우상에 지배당하고 있었다.

사고와 감정을 뒤트는 우상

우상숭배는 요나의 사고를 뒤틀어 놓았다.[14] 그가 늘 어놓는 궤변은 누가 봐도 제정신이 아니다. 하나님이 긍휼과 사랑과 인내의 하나님이라는 사실에 그가 어떻게 격노할 수 있단 말인가? 그 이유는 상사병에 걸린 야곱이 그리 쉽게 속을 수 있었던 이유나 탐욕에 찌든 삭개오가 조국과 동포를 배신할 수 있었던 이유와 똑같다. 이들은 다 우상 때문에 눈이 멀어 있었다.

우상이 우리 마음을 장악하면 결국은 성공과 실패와 행복과 슬픔의 정의가 몽땅 변질된다. 우상의 기준대로 현실이 재정의된다. 전능하신 하나님의 사랑과 인내와 긍휼은 누가 보기에도 선한 것이다. 그런데 우상 때문에 민족의 세력과 위상이 궁극적 선(善)이 되면 거기에 방해되는 것은 당연히 다 악으로 변한다. 그분이 이스라엘의 적을 멸하지 않으신 것은 사랑이 많으셔서인데, 우상 때문에 요나에게는 그 사랑까지도 악한 것으로 보였다. 결국 악을 선이라 하고 선을 악이라 하는 게 우상 때문에 가능해진다.[15]

우상은 우리의 사고만 아니라 감정까지도 뒤틀어 놓는다.

여호와께서 이르시되 네가 성내는 것이 옳으냐 하시니라
요나가 성읍에서 나가서 그 성읍 동쪽에 앉아 거기서
자기를 위하여 초막을 짓고 그 성읍에 무슨 일이
일어나는가를 보려고 그 그늘 아래에 앉았더라 하나님
여호와께서 박 넝쿨을 예비하사 요나를 가리게 하셨으니
이는 그의 머리를 위하여 그늘이 지게 하며 그의 괴로움을
면하게 하려 하심이었더라 요나가 박 넝쿨로 말미암아
크게 기뻐하였더니 하나님이 벌레를 예비하사 이튿날
새벽에 그 박 넝쿨을 갉아먹게 하시매 시드니라 해가 뜰
때에 하나님이 뜨거운 동풍을 예비하셨고 해는 요나의
머리에 쪼이매 요나가 혼미하여 스스로 죽기를 구하여
이르되 사는 것보다 죽는 것이 내게 나으니이다 하니라
하나님이 요나에게 이르시되 네가 이 박 넝쿨로 말미암아
성내는 것이 어찌 옳으냐 하시니 그가 대답하되 내가
성내어 죽기까지 할지라도 옳으니이다 하니라(욘 4:4-9).

요나는 자신이 멸시하던 성읍을 떠나 초막을 지어 햇볕을 가렸다. 아직도 그는 하나님이 돌이키신 뜻을 다시 돌이켜 니느웨를 멸하시기를 바라고 있었다. 그러나 이제

그분의 관심은 요나에게 있었다. 하나님은 속성으로 자라는 넝쿨식물인 '박 넝쿨'로 요나의 초막에 서늘한 응달이 지게 해 주셨다. 푸른 잎과 쾌적한 그늘은 낙담한 선지자에게 위안이 되어 주었다.

그때 하나님이 그의 삶에 작지만 새로운 실망을 안겨 주셨다. 식물을 죽게 하신 것이다. 요나는 어찌나 감정이 상했던지 다시 낙심에 빠져 신경이 날카로워졌다. 이번에도 너무 화가 나서 길길이 뛰었다. 그 분노가 정당하냐고 하나님이 다시 물으시자 그는 "성내어 죽기까지 할지라도"(9절) 정당하다고 되받았다.

하나님은 그의 잘못을 지적하셨다. 분노가 틀렸다고 하신 건 아니다. 그분도 불의와 악에는 '진노'하신다고 수시로 말씀하신다. 다만 요나의 분노는 정당하지 못했고 균형을 잃었다.

우상숭배는 우리 감정을 변질시킨다. 우상이 좋은 것을 최고의 것으로 변질시키듯이 우상이 유발하는 갈망도 사람을 속수무책으로 무력하게 만든다. 우상은 다음과 같은 거짓된 신념을 유발한다. '이것을 성취할 수 없다면 내 삶은 의미가 없어.' '저것을 잃거나 실패했으니 나는 다시는 행복하거나 용서받을 수 없어.' 이런 신념은 평범한 실망과 실패를 확대해 삶 자체를 꺾어 놓는다.

한때 우리 교회에 나왔던 메리는 뛰어난 음악가였다. 그런데 다년간 정신 질환과 싸우며 정신건강의학과를 들락거렸다. 본인의 허락으로 나는 그녀의 심리치료사와 대화를 나누었다. 그녀에게 목회 지도를 베풀려면 충분한 지식적 기반이 필요했기 때문이다.

상담자는 내게 이렇게 말했다. "메리는 사실상 부모의 인정에 중독되어 있습니다. 부모는 늘 딸이 세계 정상급 음악가가 되기를 원했지요. 메리는 실력이 꽤 좋지만 자기 분야의 정상에 이르지는 못했어요. 그래서 자신이 부모를 실망시켰다는 생각에 제대로 살아가지 못하는 겁니다."

약의 도움으로 우울증을 다스리긴 했지만 근원을 치료할 수는 없었다. 그녀의 문제는 우상에서 비롯된 거짓 신념이었다. 메리는 속으로 이렇게 되뇌었다. '유명한 바이올리니스트가 될 수 없다면 나는 부모님을 실망시키는 것이고 내 인생은 실패인 거야.' 죽고 싶을 만큼 괴로움과 죄책감이 심했다.

그러던 메리가 복음을 믿기 시작했다. 음악 실력이

아니라 은혜로 구원받는다는 것과 "내 부모는 나를 버렸으나 여호와는 나를 영접하시리이다"(시 27:10)라는 말씀을 믿었다. 그때부터 그녀는 부모에게 인정받아야 한다는 욕구의 우상에서 벗어났다. 우울증과 불안도 서서히 사라져 자기 인생과 음악의 세계로 다시 들어갈 수 있었다.

진정한 죄책감은 회개와 배상을 통해 사라지지만 어떤 죄책감은 해결이 요원하다. '하나님이 용서하신다는 거야 알겠지만 나 자신이 용서가 안 된다'라는 말은 자신이 우상을 실망시켰다는 뜻이다. 이런 사람에게는 하나님의 인정보다 우상의 인정이 더 중요하다. 우상은 우리 삶 속에서 신처럼 행세한다. 따라서 성공이나 부모의 인정을 신으로 삼았다가 실패하면 그 우상이 평생 마음속에서 우리를 저주한다. 패배감을 떨칠 수 없다.

우상숭배를 미래에 대입해서 우상이 위협받으면 우리는 두려움과 불안으로 무력해진다. 우상숭배를 과거에 대입해 우상을 실망시키면 우리는 불치의 죄책감에 빠진다. 우상숭배를 현재의 삶에 대입해서 우상이 환경에 막히거나 없어지면 우리는 분노와 절망으로 몸부림치게 된다.[16]

이 모든 일이 요나의 마음속에서 벌어지고 있었다. 요나는 왜 삶의 의욕을 잃었는가? 삶의 의미를 잃지 않고는 삶의 의욕도 잃을 수 없다. 요나에게 삶의 의미란 바로 조국의 자유였다. 그것을 바라는 것 자체는 좋지만 그게 최고의 것이 되었다. 그래서 앗수르는 그를 깊은 증오와 분노로 들끓게 했다. 그들이 걸림돌이 되었기 때문이다. 이번에는 하나님과 그분의 자비가 요나를 분노와 절망으로 들끓게 했다. 주님이야말로 요나가 원하던 이스라엘의 미래를 막을 전능하신 장애물이었으니 말이다.

내 대신 풍랑 속으로 들어가신 예수

여호와께서 이르시되 네가 수고도 아니하였고 재배도
아니하였고 하룻밤에 났다가 하룻밤에 말라 버린
이 박 넝쿨을 아꼈거든 하물며 이 큰 성읍 니느웨에는
좌우를 분변하지 못하는 자가 십이만여 명이요
가축도 많이 있나니 내가 어찌 아끼지 아니하겠느냐
하시니라 (욘 4:10-11).

하나님이 지적하셨듯이 요나는 "좌우를 분변하지 못하는"(11절) 수많은 사람을 걱정하기보다 자기 몸이 햇볕에 타는 것을 더 속상해했다. 조국과 도덕적 독단을 우상처럼 사랑하느라 세상의 모든 큰 도시와 나라에 대한 긍휼을 잃고 말았다. 그는 온통 자기 나라밖에 몰랐다.

하나님은 다르셨다. 요나에게 주시는 교훈의 끝부분에 그분은 일부러 요나와 자신을 비교하신다. 그분이 요나에게 명하신 일은 자신의 안전지대와 안락을 떠나, 자신을 해칠지도 모르는 백성에게 가서 사랑으로 섬기라는 것이었다. 요나는 처음에는 아예 가지 않았고 나중에도 가긴 했지만 긍휼은 없었다. 하지만 하나님은 "너는 이 성읍을 긍휼히 여기지 않았지만 나는 긍휼히 여기겠노라"라고 말씀하셨다. 요나는 거부했지만 그분은 이 악하고 강포한 도시를 사랑하시겠다는 것이다.

이 말씀은 무슨 뜻인가? 요나가 마다한 일을 하나님은 어떻게 하셨는가? 몇 세기 후에 어떤 사람이 와서 자신이 참된 요나라는 말씀으로 청중을 깜짝 놀라게 했다(마 12:39-41 참조). 예수 그리스도는 이 땅에 오실 때 최고의 안전지대를 버리셨다. 자신을 해칠지도 모르는 정도가 아니라 반드시 해칠 사람들에게 가서 그들을 섬기기 위해서였다. 그들을 구원하려고 그분은 말씀만 전하신 게 아니었다. 거기서 훨씬 더 나아가 그들을 위해 죽기까지 하셔야 했다. 첫 요나는 죽었다고 여겨졌을 뿐이지만 예수님은 실제로 죽었다가 부활하셨다. 이 사건을 그분은 요나의 표적이라 칭하셨다(마 12:39 참조).

참된 요나이신 예수님을 이렇게도 생각해 볼 수 있다. 그분의 생애 중 마가복음 4장에 기록된 한 기사는 의도적으로 구약의 이야기를 환기시킨다. 무서운 풍랑이 일었는데 예수님도 요나처럼 그 한복판에 잠들어 계셨다. 선원들처럼 그분의 제자들도 겁에 질려 그분을 깨우며 모두 죽게 생겼다고 말했다. 두 경우 모두 하나님의 능력으로 풍랑은 기적처럼 잔잔해지고 배 안에 있던 사람들은 목숨을 건졌다.

하지만 여기 큰 차이가 있다. 요나는 바람과 물의 풍랑 속에 내던져졌지만 예수님은 십자가 위에서 최악의 풍랑 속에 내던져지셨다. 우리 죄악 때문에 마땅히 우리가 당해야 할 하나님의 모든 공의와 형벌을 그분이 당하신 것이다. 나는 우상으로 힘들 때면 예수님을 생각한다. 나를 위해 자진해 그 최악의 풍랑을 정면으로 받아 내며 순복하신 그분을 떠올린다. 예수님이 그 끔찍한 풍랑 속에 가라앉으셨기에 나는 인생의 다른 어떤 풍랑도 두려워할 것 없다. 예수님이 그렇게까지 해 주셨기에 내 삶의 가치와 확신과 사명이 그분께 있음을 나는 안다. 이 땅의 온갖 풍랑이 많은 것과 내 목숨까지 앗아갈 수 있어도 내 생명이신 예수님을 앗아갈 수는 없다.

하나님이 요나에게 암시하셨듯이 그분은 요나와 달리 이 땅의 잃어버린 큰 성읍들을 사랑하실 것이었다. 이 약속은 참 요나이신 예수 그리스도의 복음으로 성취되었다.

요나서는 질문으로 끝난다. 하나님이 요나에게 이렇게 물으신다. '네 사랑도 내 사랑과 같아야 하지 않겠느냐? 너밖에 모르는 그 우상숭배에서 벗어나 이제부터 나를 위해, 다른 사람을 위해 살겠느냐?' 독자는 대답을 기다리지만 책은 말없이 거기서 끝나 버린다.

하지만 이 결말은 기발하고 만족스럽다. 만족스럽다 함은 요나가 회개하고 깨우쳤을지 여부를 우리가 고심할 필요가 없기 때문이다. 그는 분명 회개했을 것이다. 어떻게 아는가? 요나가 누군가에게 말하지 않고서야 우리가 어떻게 이 이야기를 알겠는가? 하나님의 은혜가 심중 깊이 파고들지 않고서야 그 누가 자신이 시종일관 악한 바보로 등장하는 이야기를 공개하겠는가?

그래도 이 책에 요나의 반응이 나오지 않는 이유는 무엇일까? 마치 하나님이 사랑의 책망이라는 화살을 요나의 심장에 겨누어 쏘셨는데 돌연 요나는 사라지고 그 자리에 우리가 서 있는 것 같다. 질문은 바로 우리에게 다가온다. 우리가 요나이기 때문이다.

우리도 우상의 노예가 된 나머지 자신과 의견이 다른 사람들, 큰 도시에 사는 사람들, 자기 가족인데도 사랑하기 몹시 힘든 사람에게 관심이 없다. 우리도 요나처럼 변화될 의향이 있는가? 만일 그렇다면 참된 요나이신 예수 그리스도와 그분의 표적인 죽음과 부활을 바라봐야 한다.

Counterfeit
Gods

7

— 제자리를 찾아서

전인격이 예수 복음을 통과해야 한다

17세기 영국의 목사 데이비드 클락슨은 가짜 신에 대한 더없이 예리하고 포괄적인 설교를 기록으로 남겼다.[1] 우상숭배에 대해 그는 "인정할 사람은 별로 없겠지만 이보다 더 흔한 것은 없다"라고 말했다. 우리 영혼이 집이라고 가정한다면 "방마다 구석마다 우상이 세워져 있다"라고도 했다. 우리는 하나님의 지혜보다 자기 지혜를, 하나님의 뜻보다 자기 갈망을, 하나님의 영광보다 자기 평판을 더 중시한다.

또 클락슨은 우리가 하나님보다 인간관계를 더 중요하게 여기는 경향이 있다고 했다. 그의 말마따나 사실 '많은 이가 자기 원수까지도 신으로 삼는다.' 하나님 마음을 아프지 않게 해 드리러 애쓰기보다 "사람들 때문에 자신의 자유와 재산과 생명이 위태로워질까 봐 더 큰 근심과 불안과 당황과 염려에 빠질 때 그렇게 된다."[2] 과연 인간의 마음은 우상을 대량생산하는 공장이다.

희망이 있을까? 그렇다. 우상을 그냥 없앨 수는 없고 대체해야만 함을 이제부터 깨달으면 된다. 그냥 뿌리 뽑으려 하면 우상이 되살아나지만 다른 것을 대신 들여놓으면 해결된다. 다른 것이란 무엇일까? 물론 하나님이다. 하지만 여기서 말하는 하나님이란 그분의 존재를 믿는 막연한 신념이 아니다. 그것은 웬만한 사람에게 다 있지만 그들의 영혼에는 우상이 득실거린다. 우리에게 필요한 것은 하나님과 생생하게 만나는 것이다.

앞서 우리가 다뤘던 야곱도 분명히 하나님을 믿었으나 그를 속박하고 있던 가짜 신을 물리치려면 그 이상이 필요했다. 창세기 32장에 그가 그것을 얻은 이야기가 나온다. 성경에서 가장 감동적이고 극적인 내러티브 중 하나다. 그만큼 신비롭기도 하지만 야곱 인생에 결정적 전환점이 된 것만은 분명하다.

하나님은 차선책이 아니시다

야곱은 먼 나라로 도피해 많은 시련을 딛고 성공했으

나, 외삼촌 라반과 사촌들은 그를 질시하며 반감을 품었다 (창 31:1-2 참조). 자신이 떠나지 않으면 싸움이 나서 어쩌면 폭력 사태로 번지겠다는 생각이 들었다. 결국 야곱은 대가족, 두 아내 레아와 라헬, 모든 종, 양 떼와 소 떼를 거느리고 고국으로 돌아가기로 했다.

창세기의 저자는 여기서 잠시 야곱의 아내 라헬에 대해 짧지만 의미심장한 곁가지를 덧붙인다. 라헬은 아버지 라반을 떠나면서 집안의 신상을 훔쳤다(19절 참조). 왜 그랬을까? 일종의 영적 보험이었을 수 있다. 다음에 어려운 일을 당하면 주님이 레아를 도우셨듯이 라헬도 도우시겠지만 혹시 그렇지 않을 경우 옛날에 섬기던 신을 부를 생각이었을 것이다.

그러나 우리 삶에 주님을 그런 식으로 실패에 대비한 들러리로 세울 수는 없다. 그분은 우리 계획을 이루는 데 소용될 보충 자원이 아니라 그분 자체가 완전히 새로운 계획이시다. 라헬은 아직도 그것을 몰랐다. 주님의 구원을 후대로 전해야 할 집안에 이처럼 큰 결함이 있었고, 그래서 은혜가 필요했다.

야곱은 온 가족과 재산을 거느리고 고국으로 향했

다. 그런데 거의 다 왔을 때 걱정스러운 소식을 전해 들었다. "우리가 주인의 형 에서에게 이른즉 그가 사백 명을 거느리고 주인을 만나려고 오더이다"(창 32:6). 최악의 두려움이 현실화되는 것 같았다. 야곱을 공격할 뜻이 아니라면 어째서 에서가 소규모의 군대를 거느리고 오겠는가?

그는 즉시 행동을 취했다. 우선 기도로 하나님의 도움을 구한 뒤 종들 편으로 엄청나게 많은 가축을 에서에게 예물로 보냈다. 그리고 나서 가족과 전체 무리를 반반씩 둘로 나누었다. 에서가 한쪽을 공격하더라도 다른 쪽은 피할 시간을 벌자는 생각에서였다(7-8절 참조). 준비를 다 마치고 두 떼를 다 앞서 보낸 뒤에 야곱은 혼자 앉아 밤을 보냈다.

복을 얻어 내려는 평생의 씨름

야곱이 보기에 그 다음 날은 일생일대의 고비였다. 평생 그는 에서와 싸웠다. 모태에서부터 둘은 유별나게 "서로 싸우는"(창 25:22) 쌍둥이였다. 자라면서 야곱은 아버지의 호의와 사랑을 얻고 가문의 명예인 족장이 되고자 에서와 다투었다. 아버지는 늘 에서를 편애했는데 어느 아들에게든 이보다 깊은 상처는 거의 없다. 결국 이삭이 에서에게 장자상속권에 딸린 축복 의식을 행하는 날이 왔다. 가산의 가장 큰 지분은 장자의 몫이었다. 하지만 에서로 변장한 야곱이 거의 시력을 잃은 아버지를 속여 용케 복을 받아냈다. 그가 달아난 뒤에 이 사실을 알게 된 에서는 야곱을 죽이기로 맹세했다. 그래서 야곱은 필사적으로 도망가 실향민이 되었던 것이다.

야곱은 왜 에서의 복을 훔쳤을까? 오늘날의 독자는 그의 동기를 이해하기 어렵다. 당연히 야곱은 자신의 잔꾀가 금방 발각될 것과 이삭이 자신에게 큰 몫의 가산을 실제로 주지는 않으리라는 것을 알았다. 야곱이 얻은 것이라곤 의례상의 인정(認定)뿐이었다. 그런데 왜 그는 고작 그것을 얻으려고 엄청난 손해를 감수했을까?

내가 믿기로는, 야곱이 속임수를 써서라도 아버지에게 이런 말을 듣기를 간절히 바랐기 때문이다. '나는 세상 누구보다도 너를 더 기뻐한다!' 요컨대 모든 인간은 복이 필요하다. 우리 모두는 바깥의 누군가로부터 자신의 독특한 가치를 확인받아야 한다. 자신이 가장 사랑하고 칭송하는 이로부터 받는 사랑과 칭송이야말로 최고의 보상이다. 우리는 다 부모님과 배우자와 동료에게 인정받기를 깊이 갈구한다.

야곱의 삶은 복을 얻어 내려는 하나의 긴 싸움이었다. 그는 아버지의 입에서 복을 들으려고 에서와 씨름했고 라헬의 얼굴에서 복을 보려고 라반과 씨름했다. 하지만 소용없었다. 그의 속은 여전히 피폐하고 공허했고, 가족 관계는 거친 풍랑과 같았다. 그가 라헬과 그 자녀를 우상화하는 바람에 레아와 그 자녀의 삶은 늘 비참했으며, 앞으로도 거기서 쓰라린 열매가 맺히게 된다.

그런데 지금 에서가 오고 있었다. 아버지의 사랑과 유산과 장자의 명분과 행복을 독차지한 그가 군대를 거느리고 오고 있었다. 내일이면 최후의 결전이 있을 것이었다. 당연히 야곱은 이 결전의 날에 대비하고자 마지막 밤을 혼자 지내고 싶었다. 그런데 그날 밤 어둠이 깊었을 때, 뜻밖에도 누군가가 혼자서 야곱을 공격해 왔다. 둘의 씨름은 몇 시간이고 계속되었다.

성경은 이 극적인 이야기를 군더더기 없이 핵심만 기술했다.

야곱은 홀로 남았더니 어떤 사람이 날이 새도록 야곱과 씨름하다가 자기가 야곱을 이기지 못함을 보고 그가 야곱의 허벅지 관절을 치매 야곱의 허벅지 관절이 그 사람과 씨름할 때에 어긋났더라 그가 이르되 날이 새려 하니 나로 가게 하라 야곱이 이르되 당신이 내게 축복하지 아니하면 가게 하지 아니하겠나이다 그 사람이 그에게 이르되 네 이름이 무엇이냐 그가 이르되 야곱이니이다 그가 이르되 네 이름을 다시는 야곱이라 부를 것이 아니요 이스라엘이라 부를 것이니 이는 네가 하나님과 및 사람들과 겨루어 이겼음이니라 야곱이 청하여 이르되 당신의 이름을 알려 주소서 그 사람이 이르되 어찌하여 내 이름을 묻느냐 하고 거기서 야곱에게 축복한지라 그러므로 야곱이 그곳 이름을 브니엘이라 하였으니 그가 이르기를 내가 하나님과 대면하여 보았으나 내 생명이 보전되었다 함이더라 그가 브니엘을 지날 때에 해가 돋았고 그의 허벅다리로 말미암아 절었더라(창 32:24-31).

이 신비의 인물은 누구인가? 내레이터는 일부러 독자에게 그의 정체를 숨기지만 그래도 몇 가지 단서를 남긴다. 우선 "치매"(25절)라고 표현된 동작의 위력이다. 여기 '치다'로 번역된 히브리어 단어는 문자적으로 가장 가벼운 접촉이나 살짝 대는 것을 뜻한다. 씨름 상대는 야곱의 허벅지에 손가락을 댔을 뿐인데 야곱은 즉시 관절이 어긋나 영구적으로 절름발이가 되었다. 이로 보건대 상대는 야곱을 죽이지 않으려고 힘을 억제했음이 분명하다. 그는 엄청난 초인적 힘의 소유자였다.

또한 그 인물은 날이 새려 하자 한사코 가야 한다고 했다. 왜 그랬을까? 누구도 하나님의 얼굴을 보고는 살아남을 수 없음을 야곱도 알고 있었는데(출 33:20 참조), 나중에야 그는 씨름 상대가 동트기 전에 떠나려 한 이유가 그것임을 깨달았다. 이는 야곱을 보호하기 위한 배려였다. 그래서 그도 "내가 하나님과 대면하여 보았으나 내 생명이 보전되었다"(창 32:30)라고 고백했다. 어슴푸레하게 첫새벽이 밝아 오는 순간, 야곱은 이 신적 인물이 사라지기 직전에 그 얼굴 윤곽을 일별했을 수도 있다. 환한 대낮에 하나님의 얼굴을 보았더라면 그는 죽었을 것이다.

'주실 수 있는 분'께 구하라

알고 보니 야곱은 바로 하나님과 씨름하고 있었다! 그 사실을 깨달은 그는 먼동이 트려는 줄 알면서도 평생에 가장 겁 없는 행동을 했다. 그 상황에서 이성적인 반응은 '나를 놓아주십시오! 보내 주십시오! 나는 죽고 싶지 않습니다!'라고 외치는 것이련만, 그는 정반대로 했다. 상대를 꼭 붙잡고 "당신이 내게 축복하지 아니하면 가게 하지 아니하겠나이다"(창 32:26)라고 말한 것이다.

야곱의 말은 이런 뜻과 같다.

> 여태까지 나는 지독한 바보였습니다! 평생 하나님의
> 복을 구하되 아버지의 인정과 라헬의 미모에서 찾으려
> 했습니다. 그런데 그 복은 하나님 안에 있습니다.
> 이제 하나님이 내게 축복하지 않으시면 보내드리지
> 않겠습니다. 다른 것은 다 중요하지 않습니다. 이러다가
> 죽어도 좋습니다. 하나님의 복이 없으면 내게 아무것도
> 없는 거니까요. 다른 무엇으로도 안 됩니다.

그 결과로 하나님은 거기서 야곱에게 축복하셨다(29절

참조). 놀랍고 신기한 문구다. 성경에서 축복은 언제나 말로 이루어진다. 따라서 하나님이 야곱의 마음속에 뭐라고 말씀하셨음이 분명하다. 뭐라고 하셨을까? 성경에 나와 있지 않다. 훗날 야곱의 위대하신 후손에게 하늘에서부터 들려왔던 "너는 내 사랑하는 아들이라 내가 너를 기뻐하노라"(막 1:11)라는 축복의 음성과 비슷했을까? 정확한 표현은 알 길이 없지만, 하나님의 복보다 귀한 것은 없다. 야곱은 복음을 믿은 사람의 화신이 되어 그곳을 떠났다. 영구적으로 절름발이가 되었지만, 영구적으로 충만해졌고 겸손해졌으며 동시에 담대해졌다.

결국 야곱이 이겼다! 하나님이 친히 "네가 하나님과 …… 겨루어 이겼음이니라"(창 32:28)라고 선언하셨다. 그가 이긴 이유는 이 신비로운 인물의 신성을 깨닫고도 피하지 않고 오히려 매달렸기 때문이다. 마침내 야곱은 평생 갈구하던 복을 얻었다. 잠시 후 에서 일행을 만난 야곱은 에서가 평화롭게 자기를 맞이하러 나왔음을 알고 안도했다. 싸움은 그렇게 끝났다.

당신도 그 복을 받았다

야곱의 생애를 읽는 독자들은 이 대목에서 당황할 수 있다. 평생을 통틀어 그가 영웅으로 등장하는 일화는 단 하나도 없다. 그는 도덕적으로 행동한 적도 없다. 오히려 늘 미련하거나 교활하거나 심지어 사악하게 행동했을 뿐이다. 그는 하나님의 복을 받을 자격이 조금도 없어 보인다. 그런데 거룩하신 정의의 하나님이 왜 야곱에게 이처럼 은혜를 베푸셨을까? 그분이 연약하신 척하며 그를 죽이지 않으시고, 자신의 정체를 슬쩍 알려 주시고, 그가 필사적으로 붙들었다는 이유만으로 그에게 복을 주신 까닭이 무엇인가?

이 질문의 답은 주님이 다시 인간으로 등장하시는 성경 후반부에 나온다. 어둠 속에서 하나님은 야곱의 목숨을 살리려고 연약한 척하셨다. 그러나 갈보리의 어둠 속에서 주님은 우리를 구원하려고 인간이 되어 정말 연약해지셨다. 야곱이 목숨을 걸고 순종하며 매달린 것은 자기가 복을 얻기 위해서였다. 그러나 예수님이 십자가를 피하실 수 있었음에도 기꺼이 감수하고 죽기까지 순종하며 매달리신 것은 자신이 아니라 우리를 복되게 하시기 위해서였다.

> 그리스도께서 우리를 위하여 저주를 받은 바 되사
> 율법의 저주에서 우리를 속량하셨으니 …… 이는
> 그리스도 예수 안에서 아브라함의 복이 이방인에게
> 미치게 하고 또 우리로 하여금 믿음으로 말미암아
> 성령의 약속을 받게 하려 함이라(갈 3:13-14).

야곱은 왜 하나님을 그렇게 가까이 대하고도 살아남을 수 있었을까? 예수님이 연약한 모습으로 오셔서 십자가에서 죽으심으로 우리 죄의 형벌을 치르셨기 때문이다. 하나님은 아브라함에게 약속하신 복이 "그리스도 예수 안에서 …… (우리)에게 미치게 하고 또 우리로 하여금 믿음으로 말미암아 성령의 약속을 받게"(14절) 하셨다. "성령의 약속"이란 무엇일까?

갈라디아서의 다음 장에 바울은 "하나님이 그 아들의 영을 우리 마음 가운데 보내사 아빠 아버지라 부르게 하셨느니라"(갈 4:6)라고 썼다. "아빠"(abba)는 아람어로 '아버지'의 애칭이다. 부모의 사랑에 대한 어린아이의 당당한 믿음을 가리키는 단어다. 바울의 말은 우리가 복음을 믿으면 성령이 하나님의 사랑과 복을 우리 마음속에 실재하게 하신다는 뜻이다.

당신은 존재의 심연에서 하나님의 복을 들었는가? "너는 내 사랑하는 아들이라 내가 너를 기뻐하노라"(막 1:11)라는 말씀이 기쁨과 힘의 끝없는 원천인가? 당신에게 그렇게 말씀하시는 하나님을 성령으로 말미암아 느꼈는가? 야곱이 받은 것이 바로 그 복이다. 성령으로 말미암는 그 복이 이제 그리스도를 통해 우리 것이 되었다.

이것만이 우상숭배를 퇴치하는 묘약이다. 이 복이 있어야만 우상이 필요 없어진다. 야곱처럼 우리도 대개 '온갖 엉뚱한 데서 복을 구하며' 살다가 그 후에야 이 복을 발견한다. 마침내 이를 발견하려면 대개 다리를 저는 연약함을 경험해야 한다. 하나님의 복을 가장 많이 받은 수많은 이가 저는 다리로 기뻐 춤추는 것도 이 때문이다.

> 하나님의 어리석음이 사람보다 지혜롭고
> 하나님의 약하심이 사람보다 강하니라(고전 1:25).

에필로그

가짜들에게 결별을 선언하다

'참 하나님'으로 대체하지 않으면 계속 대상만 바뀔 뿐이다

영향력을 미치는 가짜 신을 식별하지 않고는 당신의 마음이나 문화를 이해할 수 없다. 사도 바울이 로마서 1장 21-25절에 말했듯이 우상숭배는 단지 많은 죄 중의 하나가 아니라 인간 심령의 근본 문제다.

하나님을 알되 하나님을 영화롭게도 아니하며

감사하지도 아니하고 …… 이는 그들이 하나님의 진리를

거짓 것으로 바꾸어 피조물을 조물주보다

더 경배하고 섬김이라(롬 1:21, 25).

이어 바울은 세상에 불행과 악을 초래하는 죄의 목록을 길게 나열하는데, 그 뿌리는 다 악착같이 '신을 만들려는' 인간의 충동이라는 토양에 있다.[1] 다시 말해서 우리가 저지르는 모든 잘못의 원인은 언제나 우상숭배. 이것을 마르틴 루터보다 더 잘 간파한 사람은 없다. 그가 《마르틴 루터 대교리문답》(Large Catechism, 복 있는 사람 역간)과 Treatise on Good Works(선행에 대한 논고)에 썼듯이 십계명은 우상숭배를 금하는 계명으로 시작된다. 왜 그게 먼저 나올까? 루터에 따르면 율법을 어기는 배후의 근본 동기가 우상숭배라서 그렇다.[2] 제1계명을 어기지 않고는 다른 계명도 어길 수 없다.

우리가 사랑하지 못하고 약속을 지키지 못하고 이타적으로 살지 못하는 이유는 무엇인가? 물론 총괄적인 답은 '우리가 연약한 죄인이기 때문'이다. 그러나 각각의 상황에서 구체적인 답은, 뭔가가 있어야만 행복해질 수 있다고 생각하기 때문이다. 우리 마음에 하나님보다 그 뭔가가 '더 중요하기' 때문이다. 마음속에 '사람의 인정, 평판, 남보다 높은 권력, 재정적 이익'을 '하나님의 은혜와 호의'보다 더 중요하고 가치 있게 여기지 않는 한 우리는 거짓말하지 않을 것이다. 변화의 비결은 각자의 심중에 있는 가짜 신을 파악해서 해체하는 것이다.[3]

우상을 식별하지 않고는 문화도 이해할 수 없다. 두 유대인 철학자 핼버털(Halbertal)과 마걸릿(Margalit)이 분명히 밝혔듯이 우상숭배란 단지 예배 의식의 한 형태가 아니라 유한한 가치에 기초한 정서와 생활 방식 전체이며, 피조물을 신처럼 절대화하는 일이다. 그래서 성경에 보면 우상으로부터 돌이킬 때는 늘 그 우상이 만들어 낸 문화도 함께 배격된다. 하나님은 이스라엘에게 타국의 신들을 배격할 뿐 아니라 '그들의 행위를 본받지 말라고' 명하셨다(출 23:24 참조). 문화를 비판하지 않고는 우상을 대적할 수 없고 우상을 식별해 대적하지 않고는 문화를 비판할 수 없다.[4]

사도 바울이 아덴(행 17장 참조)과 에베소(행 19장 참조)에서 말씀을 전한 일이 좋은 예다. 바울이 에베소 도시의 신들을 대적하자(행 19:26 참조) 새 회심자들의 소비 행태가 바뀌면서 지역 경제가 달라졌고, 급기야 지역 상인들이 주도하는 폭동으로 비화되었다. 현대 그리스도인은 동시대인으로부터 우리 문화의 누구 못지않게 물질주의적이라는 지적을 자주 받는다. 이는 우리가 복음을 전할 때 사도 바울과 달리 문화의 가짜들을 폭로하지 않기 때문은 아닐까?

내가 만든 신 식별하기

당신에게 라이벌 신이 있는지 여부를 묻는 게 아니다. 나는 우리 모두에게 우상이 있다는 전제에서 출발한다. 우상은 모든 사람 속에 숨어 있다.[5] 문제는 그 우상을 어떻게 할 것이냐는 점이다. 어떻게 하면 우상의 위력 속에 머물지 않고 눈이 더 밝아질 수 있을까? 어떻게 하면 우상으로부터 해방되어 자신과 주변 모두에게 가장 유익하게 건전한 결정과 현명한 선택을 내릴 수 있을까? 우리의 우상을 어떻게 식별할 것인가?

첫째로 생각의 내용을 점검해야 한다. 대주교 윌리엄 템플은 "혼자 있을 때 하는 일이 곧 당신의 신앙이다"라고 말했다.[6] 다시 말해서 마음속의 실제 신은 따로 신경 쓸 일이 없을 때 저절로 흘러가는 생각이다. 당신이 즐기는 공상은 무엇인가? 무심코 당신 머릿속을 차지하는 상상은 무엇인가? 승진하는 시나리오를 쓰는가? 이상적인 주택 같은 재물인가? 특정한 사람과의 관계인가? 한두 가지 공상이 곧 우상숭배의 징후는 아니다. 그보다 이렇게 자문해 보라. 당신이 습관적으로 생각하면서 혼자서 속으로 기쁨과 안락을 얻는 대상은 무엇인가?

둘째로 돈을 어떻게 쓰는지 보면 자신이 속으로 진짜 사랑하는 것이 무엇인지 식별할 수 있다. 예수님은 "네 보물 있는 그곳에는 네 마음도 있느니라"(마 6:21)라고 하셨다. 돈은 당신이 가장 사랑하는 대상 쪽으로 저절로 흘러가게 되어 있다. 사실 어떤 대상에 지출하는 돈이 너무 많아 항상 절제에 힘써야 한다면 이거야말로 우상의 징후다.

사도 바울이 썼듯이 하나님과 그분의 은혜를 세상에서 가장 사랑하는 사람은 사역과 자선과 빈민 구제에 아낌없이 헌금하게 되어 있다(고후 8:7-9 참조). 그런데 우리 대부분은 옷이나 자녀에게, 또는 집과 자동차 같은 지위의 상징물에 과소비를 한다. 평소 씀씀이를 보면 우상이 드러난다.

셋째로 하나님을 믿는다고 고백하는 이들에게 특히 유용한 우상 식별법이 있다. 당신은 꾸준히 교회에 나가고 있고, 독실한 교리적 신념도 다 갖췄고, 하나님을 믿고 순종하려 최선을 다할 수 있다. 하지만 일상 속에서 당신의 진짜 구원은 무엇인가? 당신은 정말 무엇을 위해 살고 있으며, 믿는다고 고백하는 신 말고 당신의 실제 신은 무엇인가?

그 답을 아는 좋은 방법이 있다. 기도가 응답되지 않고 희망이 꺾일 때 어떻게 반응하는지 보면 된다. 기도한 대로 되지 않으면 누구나 서운하고 아쉬울 수 있다. 하지만 하나님을 믿으면 떨치고 나아간다. 아직 삶이 끝난 게 아니며 그런 것들은 당신의 주인이 아니다. 그러나 기도한 대로 되지 않았다고 분노가 폭발하거나 깊은 절망에 잠긴다면 그것이 당신의 실제 신일 수 있다. 요나처럼 당신도 죽고 싶을 만큼 성내고 있다면 말이다.

마지막 시험은 모두에게 해당된다. 가장 통제하기 힘든 자기 감정을 보라.[7] 고기 잡는 어부가 물이 소용돌이치는 쪽으로 가듯이, 당신의 우상도 가장 고통스러운 감정의 밑바닥에서 찾으라. 특히 좀처럼 걷히지 않는 감정이나 뻔히 잘못인 줄 아는 행동으로 당신을 몰아가는 감정에 주목해야 한다.

화가 날 때면 이렇게 자문해 보라. '나에게 정말로 중요한 뭔가가 있는가? 무슨 수를 써서라도 손에 넣어야만 할 것이 있는가?' 심한 두려움과 절망과 죄책감에 대해서도 똑같이 하라. '내가 이토록 두려운 이유는 꼭 필요한 게 아닌데도 필요하다고 여기던 내 삶의 뭔가가 위협받고 있기 때문인가? 내가 이토록 침울한 이유는 꼭 필요한 게 아닌데도 필요하다고 여기던 뭔가를 잃었거나 거기에 실패했기 때문인가?' 당신이 과로로 쓰러질 지경으로 미친 듯이 일하고 있다면 이렇게 물어보라. '나는 이것이 있어야만 만족과 의미를 얻을 수 있다고 생각하는가?' 이런 질문을 던져서 '자신의 감정을 뿌리째 뽑아 보면' 대개 거기에서 우상이 쭉 딸려 나온다.

데이비드 폴리슨은 이렇게 썼다.

> 하나님이 각 사람의 심령을 향해 던지시는 가장 기본적인 질문은 다음과 같다. "예수 그리스도 외에 네 마음의 신뢰, 몰두, 충절, 섬김, 두려움, 기쁨에 대해 사실상

소유권을 보유하고 있는 사람이나 뭔가가 있느냐? 사람의 우상 체계는 …… 질문을 통해 표면으로 일부 드러난다. '삶을 지속시켜 줄 안정과 안전과 수용을 얻고자 네가 의지하는 대상은 누구 또는 무엇이냐? …… 인생에서 네가 정말 바라고 기대하는 바는 무엇이냐? 무엇이 있으면 정말 행복하겠느냐? 무엇이 있으면 남들에게 받아들여지겠느냐? 너는 어디서 권력과 성공을 찾고 있느냐?' 이런 비슷한 질문을 통해 자신이 하나님을 섬기는지 우상을 섬기는지, 구원을 그리스도께 바라는지 거짓 구주에게 바라는지 결국 알아낼 수 있다."[8]

회개와 기쁨으로

골로새 교회에 보낸 편지에 바울은 마음의 악한 정욕을 "죽이라"고 권고했는데 거기에 포함되는 "탐심은 우상 숭배"(골 3:5)다. 하지만 어떻게 죽일 것인가? 바울이 바로 앞의 몇 구절에 방법을 자세히 설명했다.

그러므로 너희가 그리스도와 함께 다시 살리심을

받았으면 위의 것을 찾으라 거기는 그리스도께서 하나님 우편에 앉아 계시느니라 위의 것을 생각하고 땅의 것을 생각하지 말라 이는 너희가 죽었고 너희 생명이 그리스도와 함께 하나님 안에 감추어졌음이라 우리 생명이신 그리스도께서 나타나실 그때에 너희도 그와 함께 영광 중에 나타나리라 그러므로 땅에 있는 지체를 죽이라 곧 음란과 부정과 사욕과 악한 정욕과 탐심이니 탐심은 우상숭배니라(골 3:1-5).

우상숭배는 단지 하나님께 불순종하는 것만이 아니라 온 마음을 하나님 아닌 다른 데 두는 것이다. 자신에게 우상이 있음을 회개하거나 의지력을 발휘해 다르게 살려고 애쓰는 것만으로는 이를 해결할 수 없다. 우상에서 돌이키려면 그 두 가지도 반드시 필요하지만 거기서 훨씬 더 나아간다.

'당신의 생명이 그리스도와 함께 하나님 안에 감추어져 있는 곳'인 '위의 것'을 찾고 '위의 것'을 생각해야 하는데(1-3절 참조), 그러려면 예수님이 당신을 위해 이루신 일을 올바로 알고 그 일을 기뻐하고 그 안에서 안식해야 한다.

하나님의 임재를 느끼며 기도하는 즐거운 예배도 거기에 포함된다. 우상보다 예수님이 당신의 머릿속에 더 아름다워지시고 당신의 마음속에 더 매력 있어지셔야 한다. 그래야 당신의 가짜 신이 대체될 수 있다. 우상을 뿌리 뽑기만 하고 그 자리에 그리스도의 사랑을 '심지' 않으면 그 우상은 다시 자라난다.

기쁨과 회개가 함께 있어야 한다. 기쁨 없는 회개는 절망에 이르고, 회개 없는 기쁨은 얄팍해서 잠깐의 감동 외에 깊은 변화를 주지 못한다. 사실 우리를 위한 예수님의 희생적 사랑을 더없이 기뻐할 때 우리는 역설적으로 자신의 죄를 가장 진정으로 깨달을 수 있다. 결과가 두려워 회개한다면 정말 죄를 슬퍼하는 게 아니라 자신을 딱하게 여기는 것이다. 두려움에 기초한 회개("하나님께 혼나기 전에 고치는 게 낫다")는 사실 자기 연민이다. 두려움에 기초해서 회개하면 죄 자체를 미워할 줄 모르기 때문에 죄의 매혹적인 위력은 그대로 남는다. 자신의 신상(身上)을 위해 죄를 삼갈 뿐이다.

그러나 우리를 위한 하나님의 희생적 고난과 사랑을 기뻐하면 즉, 우리를 죄에서 구원하려고 그분이 치르신 대가를 보면 죄 자체를 미워하게 된다. 그분이 담당하셔야 했던 죗값이 보이기 때문이다. 우리에게 하나님의 무조건적 사랑을 가장 확증해 주는 것도 예수님의 희생적 죽음이고, 죄의 해악을 가장 깊이 깨우쳐 주는 것도 역시 그분의 죽음이다. 두려움에 기초한 회개는 우리 자신을 미워하게 만들지만 기쁨에 기초한 회개는 죄를 미워하게 한다.

그리스도 안의 기쁨이 중요한 이유가 또 있다. 우상 자체는 거의 언제나 선하기 때문이다. 직장과 가정을 우상으로 삼았던 사람은 이제부터 직장과 가정을 그만 사랑해야 하는 게 아니다. 반대로 그리스도를 훨씬 더 사랑하면 그런 것에 집착해 노예가 되지 않는다. 성경이 말하는 '기쁨'은 그냥 일이 잘돼서 행복한 것보다 훨씬 깊다.

바울은 우리에게 "주 안에서 항상 기뻐하라"(빌 4:4)라고 명했는데 이는 항상 행복을 느끼라는 뜻일 수 없다. 누구도 남에게 항상 특정한 감정을 품도록 명령할 수는 없기 때문이다. 기뻐하는 사람은 대상을 귀히 여기며 그 가치를 음미한다. 그 아름다움과 중요성을 되새겨 결국 마음이 달콤한 안식을 누린다. 기쁨은 마음이 순해져서 안식할 때까지 하나님을 찬송하는 방식이다. 그러면 여태 필요한 줄 알고 꼭 쥐고 있었던 다른 것들을 결국 다 놓게 된다.

영성 훈련을 통해 복음 체화하기

헨리와 케빈은 둘 다 상사에게 부당 해고를 당해서 비슷한 시기에 내게 상담을 받으러 왔다. 헨리는 상사를 용서하고 툴툴 털어 낸 뒤 아주 잘 지냈다. 그러나 케빈은 거기서 헤어나지 못한 채 원한과 냉소를 품었고 그것이 이후의 진로에도 영향을 미쳤다. 사람들이 도우려고 그의 감정에 공감을 보였다. 하지만 그럴수록 케빈은 더 분노를 정당화하며 자기 연민에 빠져들었다. "털고 일어나라"며 직접 그의 의지에 호소해 보기도 했으나 역시 소용없었.

복음이 역사하는 방식은 다르다. 복음은 감정이나 의지에 직접 호소하지 않고 이렇게 묻는다. 예수 그리스도를 대신해 사실상 당신의 진짜 구원과 구주로 행세하고 있는 것은 무엇인가? 당신은 무엇에 의지해 자신을 정당화하고 있는가? 답이 무엇이든 그것은 당신이 만든 가짜 신이며, 당신의 삶이 변화되려면 그 우상을 파악해 배격해야 한다.

케빈은 직업을 통해 자신을 입증하려 하다 일이 틀어지자 저주받은 기분이 들었다. 정체성의 기초가 무너졌으니 무력감이 들 수밖에 없었다. 자신이 직장을 자력 구원의 길로 삼았음을 깨닫기 전까지는 아무런 진전도 없었다. 상사를 용서하는 정도로 해결될 일이 아니었다. 진짜 문제는 예수 그리스도 아닌 다른 무엇이 그의 구주로 행세하고 있었다는 사실이다. 우리의 문제와 갈망과 습성과 태도와 감정이 과도해져 통제가 안 될 정도라면 그 이면에 언제나 뭔가가 있다. 그것이 무엇인지 찾아내기 전에는 생명과 평안을 얻을 수 없다.

본인도 점차 깨달았지만 케빈은 자신이 하나님의 희생적 은혜로 사랑받고 있음을 이론적으로 믿었으나 그 진리가 심령과 사고까지 파고들어 그를 지배하지는 못했다. 우주의 왕이 하신 말씀보다 상사의 말이 더 절절히 그의 마음에 영향을 미쳤다.

녹음테이프를 듣는 일은 다른 집안일을 하면서도 가능하지만 영상물을 보면서 들으면 시각까지 사로잡기 때문에 훨씬 더 빨려든다. 마찬가지로 그리스도의 사랑도 머리로만 알 뿐 마음으로는 모를 수 있는데 케빈이 그런 경우였다. 이 문제를 어떻게 해결할 수 있을까? 어떻게 하면 복음의 진리를 삶 속에 '시각화'해서 우리의 모든 감정과 행동까지도 복음으로 빚어낼 수 있을까?

이때 필요한 것이 개인 기도, 공중예배, 묵상 등의 '영성 훈련'이다.[9] 훈련을 통해 인지적 지식이 심령과 사고 속에 체화되면 그 실체가 삶을 빚어낸다. 영성 훈련은 기본적으로 예배의 여러 형태이며, 마음의 우상을 대체하는 궁극적 방법은 바로 예배다. 지적인 이해만으로는 우상으로부터 해방될 수 없다. 예수님이 주시는 평안을 실제로 얻어야 하는데 그것은 예배를 통해서만 온다. 분석도 진리를 찾는 데 도움이 될 수 있으나 그 다음에는 기도로 그것을 내면화해야 한다. 시간이 걸리는 일이다. 이 과정에 대해서는 할 말이 많으나 이 책에 다룰 수는 없다.

이쯤 했으면 우상을 다 치운 것 같다?

그 과정에 평생이 걸릴 것이다. 1960-1970년대에 펜실베이니아 주 서부에 79번 고속도로가 건설되고 있었다. 아내 캐시는 피츠버그의 집에서 펜실베이니아 미드빌의 대학과 이리 호(湖)의 가족 휴가지에 오갈 때 그 길로 자주 다녔다. 도로의 한 지점은 몇 년째 미완으로 남아 있었는데, 유난히 더러운 늪이 있던 곳이었다. 한번은 인부들이 굳은 땅인 줄 알고 밤사이에 불도저를 세워 두었는데 아침에 보니 땅이 푹 꺼져 있었다. 기반암을 찾으려고 박아 둔 말뚝이 파묻힌 적도 많았다.

우리 마음도 그와 같다. 우리가 보기에는 이쯤 했으면 은혜를 배우고 우상을 치운 것도 같다. 뭔가 받기 위해서가 아니라 하나님을 위해 그분을 섬기는 지점에 이른 것도 같다. 하지만 마음의 밑바닥에 닿은 줄 알았다가 그게 바닥이 아니었음을 깨닫는 일은 어떤 의미에서 평생 계속된다. 성숙한 그리스도인은 완전히 바닥에 닿은 사람이 아니다. 내가 믿기로 이 땅의 삶에서는 그게 불가능하다. 성숙한 그리스도인은 계속 땅을 팔 줄을 알아서 점점 더 심연에 근접해 가는 사람이다.

위대한 목사이자 찬송 작사가인 존 뉴턴은 이 씨름에 대해 이렇게 썼다.

> 내 경험을 말해도 된다면, 나의 평안이요 생명이신

그리스도만 계속 바라보는 일이 내 소명 중 단연 가장 어려운 부분이다. …… 겉으로 드러나는 수많은 행실에서 자아를 부인하는 일은 의와 능력의 근원으로 행세하려고 끊임없이 애쓰는 자아를 부인하는 일에 비하면 차라리 쉬워 보인다.[10]

외면적 행실의 규범을 지키는 것과 자신의 평안이요 생명이신 그리스도께만 마음을 두는 것은 다르다. 뉴턴이 말한 이 차이를 아는 남녀는 우리를 지배하는 가짜 신으로부터 해방되는 길에 이미 들어서 있다.

주

___ 프롤로그

1. 이 모든 자살은 2008년 5월부터 2009년 4월 사이에 일어났다. 다음 블로그에 정리되어 있다. http://copycateffect.blogspot.com/2009/04/recess-x.html.

2. Alexis de Tocqueville, *Democracy in America*, George Lawrence 번역 (New York: Harper, 1988), 296쪽. 다음 책에 인용되어 있다. Andrew Delbanco, *The Real American Dream: A Meditation on Hope* (Cambridge, Mass.: Harvard University Press, 1999), 3쪽.

3. 같은 책.

4. David Brooks, "The Rank-Link Imbalance", *New York Times*, 2008년 3월 14일.

5. 우상숭배를 심리학적, 사회문화적 분석의 주요 범주로 삼는 현상이 지난 15년 사이에 학계에서 다시 탄력을 얻고 있다. 그전에 포이에르바하와 마르크스와 니체의 전성기가 있었다. 그들은 "우상숭배"의 어휘로 종교와 기독교 자체를 비판했다. 교회가 자기 이익을 도모하려고 자기 형상대로 하나님을 지어냈다는 것이다. 다음 책을 참조하라. Merold Westphal, *Suspicion and Faith: The Religious Uses of Modern Atheism* (The Bronx: Fordham, 1999). 그 뒤로 경시되던 이 개념을 획기적이게도 다음 두 저명한 유대인 철학자가 학문적으로 진지하게 논했다. Moshe Halbertal & Avishai Margalit, *Idolatry* (Cambridge, Mass.: Harvard University Press, 1992). 이를 계기로 최근에 이 주제에 대한 진지한 연구가 이어지고 있다. 다음 여러 책을 참조하라. Stephen C. Barton 편집, *Idolatry: False Worship in the Bible, Early Judaism, and*

Christianity (London & New York: T & T Clark, 2007). G. K. Beale, *We Become What We Worship: A Biblical Theology of Idolatry* (Downers Grove, Ill.: InterVarsity Press, 2008). 그레고리 K. 비일, 《예배자인가, 우상숭배자인가?》(새물결플러스 역간). Edward P. Meadors, *Idolatry and the Hardening of the Heart: A Study in Biblical Theology* (London & New York: T & T Clark, 2006). Brian S. Rosner, *Greed as Idolatry: The Origin and Meaning of a Pauline Metaphor* (Grand Rapids, Mich.: Eerdmans, 2007).

6. 물론 성경의 우상숭배에는 이스라엘의 참 하나님 이외의 신을 숭배하는 의식(儀式)도 포함된다. 이때 우상숭배란 다른 종교나 나라의 신들에게 절한다, '손에 입 맞춘다', 제사를 지낸다는 뜻이다(출 20:3; 23:13; 욥 31:26-28; 시 44:20-21 참조). 그런 사람은 누구나 하나님의 구원을 잃는다(욘 2:8 참조). 그러나 성경에 명시되어 있듯이 우상숭배는 거짓 신상 앞에 절하는 물리적 행위로 국한될 수 없다. 외적인 몸으로 하지 않더라도 내적인 마음과 영혼으로 할 수 있다(겔 14:3 이하 참조). 삶의 구심점인 마음속에서 하나님을 모종의 피조물로 대체하는 것이 곧 우상숭배다.

예컨대 선지자 하박국은 바벨론 백성이 "자기들의 힘을 자기들의 신으로 삼"(합 1:11)고 자기들의 군사력에 "제사하며 …… 분향"(합 1:16)한다고 했다. 에스겔 16장과 예레미야 2-3장에 보면 두 선지자는 이스라엘이 애굽과 앗수르를 상대로 보호조약을 맺은 일을 우상숭배라 질타했다. 조약으로 이스라엘은 막대한 조공과 정치적 예속을 바치고 군사적 보호를 얻어 냈다. 선지자들이 이를 우상숭배로 본 이유는 하나님만이 주실 수 있는 안전을 이스라엘이 애굽과 앗수르에 의존했기 때문이다(Halbertal & Margalit, *Idolatry*, 5-6쪽). 사울 왕이 사무엘을 통해 들려주신 주님의 말씀에 불순종해서 일처리와 대외 정책을 전형적인 제국주의 권력의 방식으로 했을 때, 선지자 사무엘은 그에게 주님을 향한 교만한 불순종이 곧 우상숭배라고 말했다(삼상 15:23 참조).

요컨대 성경의 우상숭배는 하나님만이 주실 수 있는 힘과 인정과 위로와 안전을 자기 지혜와 능력이나 다른 피조물로부터 얻으려는 태도다. 우상숭배에 대한 개신교의 탁월한 강해 중 하나는 청교도 데이비드 클락슨의 다음 설교다. "Soul Idolatry Excludes Men Out of Heaven", *The Works of David Clarkson* (Edinburgh: James Nichols, 1864), 제2권. 클락슨은 물리적 신상에게 몸으로 절하는 '외적' 우상숭배와 영혼의 행위인 '내적' 우상숭배를 구분했다. "사고와 마음과 애정이 어느 대상에 푹 빠져 다분히 거기에 쏠려 있으면 그게 바로 영혼의 예배다. 이는 …… 하나님께만 합당한 영광이며 그분만이 우리의 사고와 마음과 행위 모두에서 최고이자 첫자리를 점하셔야 한다"(300쪽).

7. Tom Shippey, J. R. R. *Tolkien: Author of the Century* (New York: Houghton Mifflin, 2000), 36쪽.

8. 핼버털과 마걸릿은 권위 있는 책 *Idolatry*(우상숭배) 끝부분에 우상숭배의 본질을 이렇게 요약했다. "뭔가에 궁극적 가치를 부여한다 해서 반드시 일련의 형이상학적 신성을 귀속시킨다는 뜻은 아니다. 궁극적 가치를 부여하는 행위란, 뭔가 또는 누군가에게 온전히 바치는 궁극적 헌신의 삶이다. 절대 가치를 부여할 수 있는 대상은 많다. …… 이는 예배의 연장(延長)이며, 이런 종교적 태도는 형이상학이나 관습적 의식(儀式)의 표출로 인식되지 않고 일종의 절대적 헌신으로 인식된다. 즉 대상을 신적 존재로 삼는 것이다. 절대화된 것의 특징은 짓밟고 군림하는 데 있다. 다른 모든 주장보다 우월하다고 자처한다. …… 무엇이든 상대적 가치가 절대화되어 헌신적 삶의 중심으로 군림하면 그것이 바로 우상숭배다." Halbertal & Margalit, *Idolatry*, 245-246쪽.

9. "어떤 유한한 가치가 …… 다른 가치를 판단하는 가치 기준이 되어 …… 중심축으로 격상되고 의미의 궁극적 출처로 간주되면, 그 사람이 택한 것은 유대교와 기독교에서 말하는 신이다. …… 뭔가가 신으로 숭배되려면 정당한 가치 기준처럼 보일 수 있을 만큼 충분히 선해야 한다. …… 유한한 가치를 숭배하고 흠모해서 그것 없이는 삶을 기쁘게 받아들일 수 없다고 여긴다면 그게 그 사람의 신이다." Thomas C. Oden, *Two Worlds: Notes on the Death of Modernity in America and Russia* (Downers Grove, Ill.: InterVarsity Press, 1992), 95쪽.

10. Margaret I. Cole 편집, *Beatrice Webb's Diaries, 1924-1932* (London: Longmans, Green, and Co., 1956), 65쪽.

11. 해석의 역사와 성경 주해에 나타난 이 세 가지 모델의 기초를 가장 잘 보여 주는 사람은 브라이언 로스너다. 다음 책을 참조하라. Brian S. Rosner,

Greed as Idolatry: The Origin and Meaning of a Pauline Metaphor (Grand Rapids, Mich.: Eerdmans, 2007), 특히 43-46쪽과 10장. 그의 분석은 다분히 Halbertal & Margalit, *Idolatry*에 기초해 있다. 우상숭배를 다룬 대부분의 책은 세 모델 중 하나만 강조하는 경향이 있다.

12. 우상숭배를 우리의 참 배우자이신 하나님에 대한 간음으로 설명한 성경 본문은 예레미야 2장 1절-4장 4절, 에스겔 16장 1-63절, 호세아 1-4장, 이사야 54장 5-8절; 62장 5절 등이다. 아울러 Halbertal & Margalit, *Idolatry*, 1장 "우상숭배와 배반"도 참조하라.

13. 우상숭배를 우리의 참 구주이신 하나님을 거부하는 자력 구원으로 설명한 성경 본문은 하나님이 자기 백성에게 "너를 위하여 네가 만든 네 신들이 어디 있느냐 그들이 네가 환난을 당할 때에 구원할 수 있으면 일어날 것이니라"(렘 2:28)라고 하신 말씀을 비롯해서 사사기 10장 13-14절, 이사야 45장 20절, 신명기 32장 37-38절 등이다. 사무엘상 15장 23절은 자신만만한 교만도 우상숭배로 간주한다.

14. 우상숭배를 우리의 참 왕을 배반하는 영적 반역으로 설명한 성경 본문은 사무엘상 8장 6-8절; 12장 12절, 사사기 8장 23절 등이다. 로마서 1장 25-26절의 가르침에 따르면 우리는 무엇이든 삶의 중심에 두고 경배하는 그것을 '섬기며' 복종하게 되어 있다(25절 참조). 26절에서 보듯이 이는 우리 마음이 불가항력의 무절제한 충동과 갈망에 놀아난다는 뜻이다. 나머지 신약에 인격적 변화의 필요성이 언급될 때마다 우리를 속박하는 우상숭배의 갈망(헬라어로 '에피투미아')도 함께 언급된다. 갈라디아서 5장 16절 이하, 에베소서 2장 3절; 4장 22절, 베드로전서 2장 11절; 4장 2절, 요한일서 2장 16절, 야고보서 1장 14절 이하 등을 참조하라. 아울러 Halbertal & Margalit, *Idolatry*, 8장 "우상숭배와 정치적 권위"도 참조하라.

15. Rebecca Pippert, *Out of the Saltshaker* (Downers Grove, Ill.: InterVarsity Press, 1979), 53쪽. 레베카 피펫, 《빛으로 소금으로》(IVP 역간).

16. 이 자살 사건도 앞서 말한 블로그에 실려 있다. http://copycateffect.blogspot.com/2009/04/recess-x.html.

17. 가명을 썼다. 그밖에도 이 책에 실은 여러 사례의 인물 이름은 모두 가명이다.

1. 오래 간절히 바랄수록 우상이 되기 쉽다

1. Cynthia Heimel, *If You Can't Live Without Me, Why Aren't You Dead Yet?* (New York: Grove Press, 2002), 13쪽. 신시아 하이멜, 《나 없인 못 산다더니 왜 아직 살아 있니》(동아출판 역간). 이 인용문은 본래 주간신문 *The Village Voice*에 실렸던 것이다.

2. Halbertal & Margalit, *Idolatry*, 10쪽.

3. 이스마엘은 이삭보다 나이가 많긴 했지만 아브라함 아내의 소생이 아니라 여종의 소생이었다. 만일 사라에게 이삭이 태어나지 않았다면 이스마엘이 아브라함의 상속자가 되었을 것이다.

4. Jon Levenson, *The Death and Resurrection of the Beloved Son: The Transformation of Child Sacrifice in Judaism and Christianity* (New Haven: Yale University Press, 1995).

5. 욥기 23장 10절의 이러한 번역에 대해서는 다음 책을 참조하라. Francis I. Anderson, *Job: An Introduction and Commentary* (Downers Grove, Ill.: InterVarsity Press, 1976), 230쪽.

6. 역대하 3장 1절을 참조하라. "모리아"는 예루살렘을 둘러싼 여러 산과 언덕에 붙여진 이름이다. 그 언덕 중 하나에서 예수 그리스도가 죽임을 당하셨다.

2. 사랑에 속고 속다 환멸에 찬 노예가 되었다

1. Robert Alter, *Genesis: Translation and Commentary* (New York: W. W. Norton, 1996), 151-157쪽.

2. Ernest Becker, *The Denial of Death* (New York: Free Press, 1973), 160쪽. 어네스트 베커, 《죽음의 부정》(인간사랑 역간).

3. 같은 책, 167쪽.

4. 이 작은 문화 변화를 다룬 자료가 많이 나와 있다. 다음 기사와 책을 참조하라. Barbara F. Meltz, "Hooking Up Is the Rage, but Is It Healthy?", *The Boston Globe*, 2007년 2월 13일. Laura Sessions Stepp, *Unhooked: How Young Women Pursue Sex, Delay Love, and Lose at Both* (New York: Riverhead,

2007).

5. C. S. Lewis, *Mere Christianity* (여러 판), 제2권 5장 "성도덕." C. S. 루이스, 《순전한 기독교》(홍성사 역간).

6. 야곱은 왜 이 뻔하고 노골적인 속임수를 그냥 물리치지 않고 순순히 따랐을까? 이번에도 로버트 알터에게서 아주 귀한 통찰을 얻을 수 있다. 야곱은 "외삼촌이 나를 속이심은 어찌됨이니이까"라고 물었는데, 이 히브리어 단어는 창세기 27장에서 야곱이 이삭에게 행한 일을 기술할 때 쓴 단어와 똑같다. 이어 알터가 인용한 옛 랍비의 주해를 보면 이튿날 야곱과 레아의 사이에 오갔을 가상의 대화가 나온다. 야곱이 레아에게 "나는 어둠 속에서 라헬을 불렀는데 당신이 대답했소. 나한테 왜 그런 것이오?"라고 묻자 레아는 "당신의 아버지는 어둠 속에서 에서를 불렀는데 당신이 대답했어요. 왜 그랬지요?"라고 되묻는다. 이로써 야곱의 분노는 잦아들었다. 조종당하고 속는 기분을 직접 맛본 그는 라반의 제의에 잠자코 따른다.

7. 이런 중매결혼이 대부분이었으므로 남편이 자기를 원하지 않는다고 느낀 여자가 많았을 것이다. 따라서 고대의 많은 독자는 이 이야기에 공감했을 것이다. 현대의 독자는 남자가 여자를 사고판다는 개념 자체에 반감을 가지겠지만 여기서 중요하게 명심해야 할 것이 있다. 창세기 내러티브의 전반적 취지는 그런 관습을 아주 부정적으로 기술해서 저지하는 데 있다. 로버트 알터에 따르면 창세기를 읽으면서 장자상속제, 일부다처제, 신부 매매 등이 묵인된다고 생각한다면 이는 오산이다. 창세기 전체에 걸쳐 일부다처제는 늘 처참한 결과를 낳을 뿐 한 번도 잘 풀린 적이 없다. 보이는 것이라곤 그런 가부장적 제도가 집안에 불러들이는 우환뿐이다. 알터는 창세기 모든 이야기가 고대의 가부장적 관습을 전복시킨다고 결론지었다. Robert Alter, *The Art of Biblical Narrative*.

8. 대부분의 역본은 난하주에 각 이름의 의미를 밝혀 놓았다. 레아는 첫아들을 낳아 이름을 르우벤이라 지었는데 르우벤에는 '본다'라는 뜻이 있다. '이제 남편이 나를 볼지도 몰라. 그럼 나도 그에게 더는 투명인간이 아니겠지'라고 생각했던 것이다. 하지만 그는 변하지 않았다. 레아가 둘째 아들을 낳아 붙여 준 시므온이라는 이름에는 '듣는다'라는 뜻이 있다. '드디어 남편이 내 말을 들을지도 몰라.' 역시 그런 일은 없었다. 레아는 셋째 아들을 낳아 '연합하다'라는 뜻의 레위라고 이름을 지으며 말했다. '아들을 셋이나 낳아 주었

으니 이제는 남편 마음이 내게 연합하겠지.'

9. Derek Kidner, *Genesis: An Introduction and Commentary* (Downers Grove, Ill.: InterVarsity Press, 1967), 160쪽. 데릭 키드너, 《창세기: 틴델 구약주석 시리즈 1》(기독교문서선교회 역간).

10. C. S. Lewis, *Mere Christianity*, 제3권 10장 "소망."

11. 같은 책.

12. Ernest Becker, *The Denial of Death*, 166-167쪽. 어네스트 베커, 《죽음의 부정》(인간사랑 역간).

13. 다기스는 여성들이 "낡은 청바지를 입고 당당히 남자에게 말을 걸지만 …… 결혼할 계획은 없던" 1991년도의 영화 〈델마와 루이스〉에게 무슨 일이 일어난 것이냐고 묻는다. Manohla Dargis, "Young Women Forever Stuck at Square One in the Dating Game", *New York Times*, 2009년 2월 6일.

14. Thomas Chalmers, "The Expulsive Power of a New Affection." 19세기 스코틀랜드 장로교 목사이자 정치가였던 토마스 찰머스의 유명한 설교다. 여러 웹사이트에서 볼 수 있다.

15. George Herbert, "Dulness", *The Complete English Poems*, James Tobin 편집 (London: Penguin, 1991), 107쪽.

3. 풍족한 소유와 소비로도 영혼의 헐벗음은 면치 못한다

1. Jonathan Weber, "Greed, Bankruptcy, and the Super Rich," *Atlantic Monthly*, 웹사이트 "Atlantic Unbound." http://www.theatlantic.com/doc/200905u/yellowstone-club, 2009년 5월 30일 접속.

2. Paul Krugman, "For Richer", *New York Times Magazine*, 2002년 10월 20일. 그가 인용한 말은 1967년에 출간된 J. K. Galbraith의 책 *The New Industrial State*에 나온다. "경영진은 굳이 악착같이 자신의 보상을 챙기지 않는다. 건전한 경영진에게 절제란 기본이다. …… 결정권이 있으면 돈을 벌 기회도 따라온다. …… 모두가 그러려 한다면 …… 회사는 경쟁적 탐욕으로 아수라장이 될 것이다. 하지만 좋은 기업인은 그런 일을 하지 않는다. 아주 효력 있는 규범이 그런 행동을 저지한다. 게다가 매사를 그룹으로 결정하기 때문

에 거의 전원의 행동은 물론 생각까지도 서로에게 알려질 수밖에 없다. 이 또한 규범으로 작용할 뿐 아니라 개인의 정직성에 대한 높은 기준을 제시하는 효과도 있다." 갤브레이스, 《현대경영대백과 7: 새로운 산업국가》(서음미디어 역간).

3. Friedrich Nietzsche, *The Dawn of Day*, J. M. Kennedy 번역 (London: Allen and Unwin, 1911), 209-210쪽.

4. 퓨리서치센터의 2008년 연구 보고서를 참조하라. 자신이 "하층"이나 "중하층"이라는 응답자는 25퍼센트이고 "중산층"이나 "중상층"은 72퍼센트인데 반해 "상류층"에 속한다고 본 사람은 2퍼센트에 그쳤다. http://pewresearch.org/pubs/793/inside-the-middle-class, 2009년 7월 1일 접속.

5. 누가복음과 사도행전에 탐심, 곧 우상숭배와 복음의 관계에 대한 내용이 아주 많아 여기에서 다 다룰 수 없다. 누가에 따르면 물욕은 예수님을 따르라는 부름을 거부한 사람들의 한 특징이다. 유다(행 1:17-20 참조), 아나니아와 삽비라(5:1-11 참조), 마술사 시몬(8:18-24 참조)이 다 그런 경우였다. 가장 단적인 예로 사도행전에 그리스도인을 대적한 폭동이 두 차례 기술되는데 둘 다 복음을 박해한 동기는 탐심이었다(16:19-24; 19:23-41 참조). 19장에 나오는 에베소 폭동이 특히 교훈을 준다. 기독교가 전파되면서 사람들이 우상을 버리자 그 영향이 경제에 미쳤다. 금융제도와 우상 제작업자와 신전이 다 서로 얽혀 있었기 때문이다. 기독교는 사람들이 돈을 소비하는 방식을 바꾸어 놓았고, 이는 문화의 현상 유지에 위협이 되었다.

6. 다음 책을 참조하라. Brian S. Rosner, *Greed as Idolatry: The Origin and Meaning of a Pauline Metaphor* (Grand Rapids, Mich.: Eerdmans, 2007), 특히 9-10장.

7. 다음 글의 저자는 "가까운" 우상과 "먼" 우상을 말했다. Richard Keyes, "The Idol Factory", 출전: *No God but God: Breaking with the Idols of Our Age* (Chicago: Moody, 1992), 29쪽 이하. 내가 본문에 개괄한 개념도 비슷하긴 하지만, 그가 정의한 "먼" 우상이 인지적으로 잘못된 신념 체계에 더 가까운 반면 내가 이번 장에 말한 '근원적 우상'은 동기적 욕구이다.

8. Joseph Frazier Wall, *Andrew Carnegie* (Pittsburgh: University of Pittsburgh Press, 1989), 224-225쪽. 다음 책의 "앤드루 카네기" 장에 인용되어 있다. *The Wise*

Art of Giving: Private Generosity and the Good Society (Maclean, Va.: Trinity Forum, 1996), 5-25쪽.

9. *The Wise Art of Giving*, 5-26쪽.

10. Annie Dillard, *An American Childhood*. 다음 책에 인용되어 있다. *The Wise Art of Giving*, 3-48쪽.

11. 성경에서 말하는 우상은 거짓 연인과 가짜 구주일 뿐 아니라 또한 노예주다. 상대가 신이든 인간이든, 성경은 모든 지배자와의 관계를 본질상 언약으로 본다. 사람은 지배자와 언약이나 계약을 맺듯이 하나님과도 똑같이 한다. 그 사람도 지배자도 둘 다 언약에 명시된 의무를 반드시 이행해야 한다. 모든 언약에는 복과 저주가 부기된다(신명기 끝부분을 참조하라). 언약을 지키면 명시된 복을 얻지만 언약을 파기하면 저주를 받는다. 예컨대 삶의 중심을 돈을 많이 버는 데 둔 사람은 (부자중에) 돈벌이라는 우상과 언약을 맺은 것이다. 돈이 그의 노예주가 되었다는 뜻이다. 이 노예주에 떠밀려 그는 돈을 벌기 위해서라면 과로나 비윤리적인 편법도 마다하지 않게 된다. 성과가 시원찮으면 그는 깊은 패배감과 죄책감에서 헤어나지 못한다. 우상이 그를 '저주하고' 있기 때문이다. 최종 '상전'을 실망시켰으므로 그는 자신이 하등 쓸모없는 존재라는 느낌에서 벗어날 수 없다. 삶의 중심과 '상전'을 새로 바꾸지 않는 한 저주받은 심정을 떨칠 수 없다.

4. 그 어떤 성공신화도 '인간의 한계'를 넘을 수 없다

1. Lynn Hirshberg, "The Misfit", *Vanity Fair*, 1991년 4월호, 제54권 제4호, 160-169, 196-202쪽.

2. 1924년 파리 올림픽 금메달리스트 헤럴드 에이브러햄스 역을 맡은 배우 벤 크로스가 한 영화 속 대사다. 이를 헤럴드 에이브러햄스 본인의 동기로 여긴다면 공정하지 못할 것이다. 하지만 각본가는 성공 지향적인 많은 야심가의 내면을 정확히 담아냈다.

3. 다음 웹사이트에 실려 있는 기사다. http://www.contactmusic.com/new/xmlfeed.nsf/mndwebpages/pollackmoviesjustifymyexistence, 2009년 3월 28일 접속.

4. Harriet Rubin, "Success and Excess", 온라인판. http://www.fastcompany.

com/node/35583/print, 2009년 3월 28일 접속.

5. 이 주제에 대한 단행본 분량의 연구는 다음 책을 참조하라. Edward P. Meadors, *Idolatry and the Hardening of the Heart* (London and New York: T and T Clark, 2006).

6. *Good Housekeeping*, 1990년 10월호, 87-88쪽.

7. Peter L. Berger, Brigitte Berger, Hansfield Kellner, *The Homeless Mind: Modernization and Consciousness* (New York: Penguin, 1974), 89쪽.

8. 데이비드 브룩스와 크리스토퍼 래시의 인용문은 다음 자료에서 따왔다. Nathan O. Hatch, "Renewing the Wellsprings of Responsibility", 2009년 3월 12일에 인디애나폴리스 독립대학협의회에서 한 연설.

9. 같은 연설.

10. 이 논지에 대한 더 자세한 내용은 다음 책을 참조하라. Timothy Keller, *The Reason for God* (New York: Dutton, 2007), 12장 "(진짜) 십자가 이야기."

11. 여종이 주인을 용서한 이 이야기에서, 압제와 불의에 수동적으로 복종해야 한다는 추론을 도출해서는 안 된다. 성경이 명하는 정의의 추구와 용서는 상호 배타적인 게 아니라 보완적이다. 미로슬라브 볼프가 *Exclusion and Embrace* (Nashville: Abingdon, 1996)와 *The End of Memory: Remembering Rightly in a Violent World* (Grand Rapids, Mich.: Eerdmans, 2006)에서 역설했듯이 참으로 정의를 이루려면 반드시 가해자를 용서해야 한다. 내면의 작업인 용서가 안 되는 사람은 참된 정의보다 사사로이 과도한 복수를 꾀할 것이며, 그리하여 역설적이게도 계속 압제를 당할 것이다. 자신부터 지독한 보복의 끝없는 악순환에 끌려 들어갈 것이다. 물리적 폭력 없이 그냥 불공정한 관계에서도, 먼저 마음으로 상대를 용서하지 않는 한 잘못을 지적하고 고쳐 주는 일을 잘하기 힘들다. 가해자를 용서하지 않으면 잘못을 지적할 때 도에 지나치게 되고, 정의나 변화에 힘쓰는 게 아니라 고통만 가하게 된다. 요구가 과해지고 태도도 무례해진다. 가해자에게는 이런 지적이 단지 상처를 주기 위한 것으로 보이며, 그래서 복수의 악순환이 시작된다. 상대에게 고통을 가하려는 내면의 욕구를 버려야만 실제로 정의와 변화와 치유를 이룰 수 있는 가망성이 조금이라도 생겨난다. 미로슬라브 볼프, 《배제와 포용》, 《기억의 종말》(이상 IVP 역간).

12. Harriet Rubin, "Success and Excess", *Fast Company*, 1998년 10월호, 첫 문단. 이 기사의 가판대 판에서 인용했으며 현재 온라인에 나와 있는 버전은 개정되었다.
13. 19세기 스코틀랜드 목사 토마스 찰머스의 유명한 설교 "The Expulsive Power of a New Affection"의 한 문단을 요약한 것이다(인터넷 여러 곳에서 볼 수 있다). 그 문단은 다음과 같다. "마침내 소년이 욕심의 노예 상태로부터 벗어난다. 이는 청년의 감각이 그 욕심을 굴복시켰기 때문이다. 청년이 쾌락을 더는 우상화하지 않음은 재물의 우상이 더 강해져 우위를 점했기 때문이며, 돈을 사랑하는 마음조차도 많은 부자 시민의 마음을 더는 지배하지 못함은 시정(市政)의 소용돌이에 끌려들어 그의 도덕 체계 속에 애정의 다른 대상이 들어왔기 때문이다. 그래서 지금은 권력을 사랑하는 마음이 그를 지배한다. 대상이 바뀔 뿐이지 마음속에 아무런 대상도 남지 않는 경우는 없다. 특정 대상에 대한 갈망이야 떨칠 수 있지만 뭔가 대상이 있어야만 한다는 갈망 자체를 이겨 낼 수는 없다."

5. 권력의지는 두려움의 또 다른 얼굴이다

1. 다음 책에 인용되어 있다. Bob Goudzwaard, *Idols of Our Times* (Downers Grove, Ill.: InterVarsity Press, 1984), 9쪽.
2. 다음 책에 인용된 로베스피에르의 연설 전문에서 따왔다. Richard Bienvenu, *The Ninth of Thermidor* (Oxford: Oxford University Press, 1970), 32-49쪽.
3. Albert Wolters & Michael Goheen, *Creation Regained: Basics for a Reformational Worldview*, 재판 (Grand Rapids, Mich.: Eerdmans, 2005), 61쪽. 알버트 월터스, 마이클 고힌, 《창조 타락 구속》(IVP 역간).
4. "권력욕을 부추기는 것은 자기 권력이 불안하다는 희미한 의식적 자각이다." Reinhold Niebuhr, *The Nature and Destiny of Man: Volume I, Human Nature* (New York: Scribner, 1964), 189쪽. 라인홀드 니버, 《인간의 본성과 운명 1》(종문화사 역간).
5. "우상숭배의 가장 분명한 형태들은, 부족이나 민족의 삶처럼 확연히 부수적인 것일 뿐 궁극적인 게 아닌 것을 중심으로 의미의 세계를 구축한다." Niebuhr, 165쪽.

6. Goudzwaard, 23쪽.

7. "요즘 독일이 끝없이 펴고 있는 자기주장은 종교와 문화와 법의 모든 기존 울타리를 보란 듯이 벗어나는데, 이는 아주 고강도의 권력 충동이다." Niebuhr, 189쪽.

8. C. S. Lewis, *Mere Christianity* (New York: HarperCollins, 2001), 11쪽. C. S. 루이스, 《순전한 기독교》(홍성사 역간).

9. "세상의 의미를 자연적 인과법칙으로만 이해하려 하는데 …… 여기에 이성의 신격화가 암시되어 있다. 이러한 인식은 우상숭배이며, 이성과 논리의 법칙으로는 세상의 의미 전체를 충분히 이해할 수 없다. 이를 입증하는 사실로, 삶과 역사에는 합리적 원리로 풀 수 없는 모순이 가득하다." Niebuhr, 165쪽.

10. C. E. M. Joad, *The Recovery of Belief* (London: Faber and Faber, 1952), 62-63쪽.

11. Richard Crossman 편집, *The God that Failed* (New York: Harper, 1949).

12. 다음의 흥미로운 연구를 참조하라. Steward Davenport, *Friends of the Unrighteous Mammon: Northern Christians and Market Capitalism 1815-1860* (Chicago: University of Chicago, 2008). 저자는 일부 기독교 지도자들이 애덤 스미스의 자본주의를 받아들인 이유를 최대한 밝혔다. 그 자본주의는 명백히 '이념적'이어서 정부가 경제에만 관심을 쏟으면 도덕과 공동체는 저절로 잘된다고 주장했다.

13. 현대 자본주의의 이념적 속성을 심도 깊게 폭로한 대변자로 웬델 베리가 있다. 그는 미국인에게 "덜 낭비하고 덜 소비하고 덜 쓰고 덜 바라고 덜 요구할" 것을 촉구한다. 다음 책을 참조하라. Wendell Berry, *Sex, Economy, Freedom, and Community: Eight Essays* (New York: Pantheon, 1994). 웬델 베리, 《희망의 뿌리》(산해 역간). 그는 큰 정부를 반대하므로 딱히 진보도 아니고, 개인 권리와 공공선의 균형을 보수 진영보다 더 중시하므로 보수나 자유주의자도 아니다. 그래서 그의 사상은 현대 여러 이념의 궤도 이탈을 막아 주는 좋은 울타리다.

14. Stephen Marglin, *The Dismal Science: How Thinking Like an Economist Undermines Community* (Cambridge: Harvard University Press, 2008). 저자의 요지는 현대 경제학이 이념화되었다는 것이다. 이런 이념에 따르면 인간은 이익

을 극대화하는 개개인일 뿐 공동체가 필요 없으며, 인간을 규정하는 기준은 복잡한 인간관계 속의 역할이 아니라 각자의 소비 역량이다. 지난 4세기 동안 이런 경제 이념이 세상을 지배해 왔다.

15. Richard A. Posner, *A Failure of Capitalsim: The Crisis of '08 and the Descent into Depression* (Cambridge: Harvard University Press, 2009). 저자는 자본주의 도그마의 큰 부분을 차지하는 시장의 자율 조정 기능을 논박했다. 리처드 포스너, 《포스너가 본 신자유주의의 위기》(한울아카데미 역간).

16. 다음 책을 참조하라. William T. Cavanaugh, *Being Consumed: Economics and Christian Desire* (Grand Rapids, Mich.: Eerdmans, 2008). 저자가 지적했듯이 그리스도인들은 시장 자본주의에 지배당하는 사회에서 사생활과 공적 생활을 분리하라는 유혹을 받고 있다. 전통적으로 탐욕은 7대 죄악의 하나인데, 희한하게도 우리는 사생활에서는 삼가야 할 탐욕을 공적인 사업에서는 오히려 추구한다. 아울러 사회에서는 우리를 규정하는 기준이 소비지만 기독교에서는 사랑이다. 저자에 따르면, 시장의 논리와 가치가 삶의 모든 영역으로 퍼져 나가고 있다. 현대의 자본주의가 '이념적'이기 때문이다.

17. Larry Elliott & Dan Atkinson, *The Gods that Failed: How Blind Faith in Markets Has Cost Us Our Future* (New York: Nation Books, 2009).

18. 니버가 정의한 '우상숭배'란 유한하고 상대적인 것을 '궁극적인 최고의 가치'로 격상시키는 일이다. Niebuhr, 225쪽.

19. Roy Clements, *Faithful Living in an Unfaithful World* (Downers Grove, Ill.: InterVarsity Press, 1998), 153쪽.

20. Niebuhr, *The Nature and Destiny of Man*, 189쪽.

21. Diana R. Henriques, "Madoff, Apologizing, Is Given 150 Years", *New York Times*, 2009년 6월 30일.

22. "Bernard Madoff Gets 150 Years in Jail for Epic Fraud", Bloomberg News, 2009년 6월 29일. http://www.bloomberg.com/apps/news?pid=20601087&sid=aHSYu2UPYrfo.

23. Niebuhr, 179-180쪽.

24. 같은 책.

25. 섹스와 종교와 돈 같은 '표면적 우상'이 권력이라는 '근원적 우상'에 이용될 수 있다. 3장에서 살펴본 근원적 우상과 표면적 우상에 대한 내용과 비교해 보라.

26. 지난 세월 많은 주석가가 신상의 각 부위를 역사 속의 특정한 나라와 연결시키려 애썼다. 느부갓네살이 "머리"라 했으니(36-39절 참조) 다른 부위의 금속도 각각 세상을 지배할 후속 강대국이라는 논리였다. 하지만 이 꿈을 그렇게 특정적으로 해석해서는 안 될 것이다. 보다시피 35절에 돌(하나님 나라)이 신상 전체를 "동시에"(NIV) 다 부수었다고 되어 있다. 몇 세기의 간격을 두고 있는 나라들이라면 어떻게 다 동시에 돌에 맞아 부서질 수 있겠는가? 그러므로 내가 보기에 이 신상은 세상 나라 전반과 그에 따른 모든 힘과 풍습과 권력을 상징한다. 이 꿈은 특정한 나라들의 구체적 순서를 알리거나 구체적 기간을 강조하는 게 아니라 불의와 압제의 발흥에도 불구하고 하나님이 주권자이시며 인간의 모든 권력은 결국 심판받는다는 사실을 말해 준다. 이런 해석에 대한 자세한 설명은 다음 주석을 참조하라. Tremper Longman, *The NIV Application Commentary: Daniel* (Grand Rapids, Mich.: Zondervan, 1999), 79-93쪽.

27. Christian Smith, *Soul Searching: The Religious and Spiritual Lives of American Teenagers* (Oxford: Oxford University Press, 2005), 162-170쪽.

28. Malcolm Galdwell, *Outliers* (New York: Little, Brown and Company, 2008), 125-128, 132-133, 156-158쪽. 말콤 글래드웰, 《아웃라이어》(김영사 역간). 글래드웰은 재능(유전)과 노력이 성공에 중요함을 인정하면서도 타이밍, 가정환경, 문화 등 환경이 최대 요인이라고 주장했다.

29. 이 주제에 대한 단행본 분량의 논고는 다음 책을 참조하라. Edward P. Meadors, *Idolatry and the Hardening of the Heart: A Study of Biblical Theology* (London and New York: T and T Clark, 2006).

30. C. S. Lewis, *The Chronicles of Narnia: The Voyage of the Dawn Treader* (New York: Harper Trophy, 2000), 91쪽. C. S. 루이스, 《새벽 출정호의 항해》(시공주니어 역간).

31. 이 주제에 대한 단행본 분량의 논고는 다음 책을 참조하라. G. K. Beale, *We Become What We Worship: A Biblical Theology of Idolatry* (Downers Grove, Ill.:

InterVarsity Press, 2008). 그레고리 K. 비일, 《예배자인가, 우상숭배자인가?》(새물결플러스 역간).

32. Lewis, 108-110쪽.

6. 은혜 없는 복음은 '가짜 하나님'을 만든다

1. Sheelah Kolhatkar, "Trading Down", *New York Times*, 2009년 7월 5일.

2. 선서문을 다음 웹사이트에서 볼 수 있다. mbaoath.org/take-the-oath, 2009년 6월 10일 접속.

3. "Forswearing Greed", *The Economist*, 2009년 6월 6일, 66쪽. 다음 기사도 참조하라. Leslie Wayne, "A Promise to Be Ethical in an Era of Immorality", *New York Times*, 2009년 5월 29일.

4. Andrew Delbanco, *The Real American Dream: A Meditation on Hope* (Cambridge, Mass.: Harvard University Press, 1999), 3, 23쪽.

5. 같은 책, 5쪽.

6. '거만한 자'(히브리어로 '래스')는 '조롱하는 자'나 '비웃는 자'로 자주 번역된다. 잠언에 이런 사람이 열네 번 등장한다. 그의 문제는 자만과 교만이다(14:6; 21:24 참조). 다음 책을 참조하라. Bruce Waltke, *The Book of Proverbs: Chapters 1-15* (Grand Rapids, Mich.: Eerdmans, 2004), 114쪽.

7. 많은 정통 그리스도인과 교회가 불신앙과 오류에 경고한다. 정말 그게 필요할 때도 많다. 잠언 26장 28절에 따르면 권력자를 비판할 마음이 없는 "아첨하는 입"은 교회에 해롭다. 그러나 마땅히 경고해야 할 교훈과 실천을 경고할 때도 잠언의 거만한 자처럼 하는 신자가 많다. 그중 일부는 이런 지적을 받으면, 성경에도 풍자를 동원한 화자와 저자가 있다고 맞선다. 그 말은 맞다. 엘리야가 바알의 선지자들을 논박하는 열왕기상 18장이나 특히 바울이 자신을 헐뜯는 이를 비판하는 고린도후서 10-13장에서 그런 예를 볼 수 있다. 풍자와 아이러니는 요점을 부각시키는 효과적인 기법이 된다. 그러나 조롱과 경멸이 죄인이 다른 죄인에게 일상적으로 말하는 주된 방식이 되어선 안 된다.

8. "성령의 은사는 탁월하지만 참된 은혜와 거룩함처럼 본질상 내재적인 것은

아니다. 성령의 은사가 사람이 달고 다니는 보석이라면 참된 은혜는 보배로운 마음 자체이며, 이로써 …… 영혼이 곧 보석이 된다. …… 성령은 직접 소통하지 않으시는 많은 대상에게도 역사하신다. 예컨대 하나님의 영이 수면 위에 운행하셔도 그 물에 자신을 내주지는 않으신다. 그러나 성령이 특유의 역사로 구원의 은혜를 주실 때는 그 영혼에게 자신을 내주신다. …… 이렇듯 은혜는 영혼에 내어 준 성령의 거룩한 속성과도 같다." Jonathan Edwards, "Charity and Its Fruits, Sermon Two", 출전: *Works of Jonathan Edwads*, 제8권 *Ethical Writings*, Paul Ramsey 편집 (New Haven: Yale University Press, 1989), 152-173쪽.

9. 다음 책을 참조하라. Timothy Keller, *The Prodigal God* (New York: Dutton, 2008). 팀 켈러, 《팀 켈러의 탕부 하나님》(두란노 역간).

10. 케네스 거겐은 거식증, 대식증, 스트레스, 낮은 자존감 등 20세기에 등장한 심리적 문제만 20가지 이상을 꼽았는데 모두 이전과 달리 자아실현이 강조된다. Kenneth Gergen, *The Saturated Self: Dilemmas of Identity in Contemporary Life* (Basic Books, 1991), 13쪽.

11. 레슬리 알렌은 요나의 맹목적 민족주의를 히틀러가 주장한 '생활권'(영토 확장)의 필요성과 비슷하게 봤다. Leslie C. Allen, *The Books of Joel, Obadiah, Jonah, and Micah* (Grand Rapids, Mich.: Eerdmans, 1976), 202쪽. 다음 책도 참조하라. Rosemary Nixon, *The Message of Jonah* (Downers Grove, Ill.: InterVarsity Press, 2003), 56-58쪽. 이 두 저자에 따르면 청중은 요나를 맹목적인 열성과 애국주의자로 기억했을 것이며, 따라서 그가 부름을 받아 앗수르의 수도 니느웨 사람들에게 영적 경고의 말씀을 전했다는 사실에 충격받았을 것이다.

12. Richard Lovelace, *The Dynamics of Spiritual Life* (Downers Grove, Ill.: InterVarsity Press, 1982), 198, 212쪽.

13. 조나단 에드워즈는 도덕철학에 관한 책 *The Nature of True Virtue*(《참된 미덕의 본질》, 부흥과개혁사 역간)에서 논하기를, 국가를 하나님보다 더 사랑하는 사람은 타국과 타민족을 향해 호전적이 된다고 했다. 그의 지적에 따르면 로마인은 애국심을 최고의 덕목으로 쳤지만 이런 우선순위는 "나머지 인류를 멸하기 위해 동원된" 것이었다. *Works of Jonathan Edwads*, 제8권 *Ethical Writings*, P. Ramsey 편집.

14. 핼버털과 마걸릿은 우상숭배가 사고의 오류와 환상에서 비롯되고, 그릇된 신념은 다시 우상숭배를 낳는다는 이 역동을 심도 있게 논했다. 다음 책에서 "우상숭배와 표상", "오류로서의 우상숭배", "잘못된 하나님", "신념의 윤리" 등의 장을 참조하라. Halbertal & Margalit, *Idolatry* (Cambridge, Mass.: Harvard University Press, 1992).

15. 성경적으로 말해서 사고의 오류와 우상숭배는 서로 짝을 이루며, 이는 '너는 나 외에는 다른 신들을 네게 두지 말라' 하신 제1계명과 '너를 위하여 새긴 우상을 만들지 말라' 하신 제2계명의 관계를 이해하는 데 도움이 된다. 우리는 거짓 신을 숭배하지 말아야 할 뿐 아니라 참 하나님의 시각적 형상을 만들려고 해서도 안 된다. 왜 그럴까? 핼버털과 마걸릿은 이 질문을 자세히 논한 뒤, 누구든지 하나님 형상을 만들려는 사람은 왜곡과 축소를 면할 수 없다고 결론지었다. 예컨대 하나의 그림에 혹 하나님의 위엄을 담아낸다 하더라도 동시에 그분의 크신 사랑도 담을 수 있을까? 결국 신의 형상을 만들려는 사람은 누구나 왜곡된 거짓 신을 내놓을 수밖에 없다. 참 하나님을 경배하려는 의도였다 할지라도 말이다. 그래서 우상숭배의 큰 영역 중 하나는 교리적 또는 신학적 오류다. 사랑의 하나님만 믿고 정의의 하나님을 믿지 않거나 혹은 거룩하신 하나님만 믿고 자비로우신 하나님을 믿지 않는 사람은 성경적 하나님관에 못 미치며, 따라서 사실상 가짜 신을 예배하는 우상숭배자다. Halbertal & Margalit, 2, 4-6장을 참조하라. 신약에는 하나님이 자신의 물리적 형상을 만들지 말라고 금하신(출 33:20 참조) 이유가 그분이 친히 우리에게 자기 형상이신 예수 그리스도를 주셨기 때문으로 풀이되어 있다. 그리스도는 말 그대로 보이지 않는 하나님의 형상이시다(골 1:15 참조).

16. 이번 문단은 다음 책을 요약한 것이다. Thomas Oden, *Two Worlds*, 6장.

7. 전인격이 예수 복음을 통과해야 한다

1. David Clarkson, "Soul Idolatry Excludes Men from Heaven", *The Practical Works of David Clarkson*, 제2권 (Edinburgh: James Nichols, 1865), 299쪽 이하.

2. 같은 책, 311쪽.

에필로그

1. 주석가 더글라스 무는 로마서 1장 21-25절에 대해 이렇게 썼다. "바울이 ······ 특유의 방식으로 기술했듯이 모든 인간은 하나님을 알면서도 스스로 신을 만들어 그 지식을 더럽히는 나쁜 성향이 있다. '신을 만드는' 비참한 과정은 우리 시대에도 빠른 속도로 지속되고 있다. ······ 요컨대 24-31절에서 보듯이 인류를 병들게 하는 온갖 잡다하고 끔찍한 죄는 이 우상숭배라는 토양에 뿌리를 두고 있다." Douglas J. Moo, *The Epistle to the Romans* (Grand Rapids, Mich.: Eerdmans, 1996), 110쪽. 더글라스 무, 《NICNT 로마서》(솔로몬 역간).

2. "누구든지 하나님을 항상 신뢰하지 않는 사람, 즉 모든 행위와 고난과 삶과 죽음에서 그분의 은총과 은혜와 호의를 신뢰하지 않으면서 다른 것이나 자신에게서 그분의 은총을 구하는 사람은 제1계명을 지키지 않고 실제로 우상을 숭배하는 것이다. 설령 다른 모든 계명을 이행할 뿐 아니라 모든 성인(聖人)의 기도와 순종과 인내와 순결을 다 합한 것만큼 갖추었을지라도 말이다. 제일 중요한 행위가 없어서다. 그것이 없다면 나머지는 다 겉치레와 허울과 가식에 불과하며 정작 속에는 아무것도 없다. ······ 우리를 기뻐하시며 은혜 베푸시는 하나님을 믿지 않거나 의심한다면 또는 주제넘게 우리 행위로만 그분을 기쁘시게 하려 든다면 이는 순전히 다 기만이다. 겉으로는 하나님을 영화롭게 하지만 속으로는 자신이 거짓 (구주)로 행세하는 것이다." Martin Luther, *Treatise Concerning Good Works* (1520), 제X-XI부.

3. 우상숭배를 모든 죄의 배후로 본 위대한 신학자는 루터만이 아니다. 성 어거스틴은 이렇게 고백했다. "오, 우리 하나님, 주님이야말로 가장 선하고 고귀한 보화이시건만 우리는 가장 초라한 보화를 ······ 과도히 욕심내느라 주님과, 주님의 진리와 율법을 버림으로써 죄를 짓습니다." John K. Ryan 편집, *The Confessions of St. Augustine* (Doubleday, 1960), 71쪽. 다음 책도 참조하라. John Clavin, *Institutes of the Christian Religion*, J. T. McNeil 편집 (Westminster, 1961), I.II.8, 3.3.12. 조나단 에드워즈도 윤리에 관한 명저 *The Nature of True Virtue*에 인간이 덕스럽게 살지 못하는 원인을 하나님을 으뜸으로 사랑하지 못하는 우상숭배 때문이라고 봤다. 조나단 에드워즈, 《참된 미덕의 본질》(부흥과개혁사 역간).

4. M. Halbertal & A. Margalit, *Idolatry* (Cambridge, Mass.: Harvard, 1992), 6쪽. "일정한 시각적 인식의 집합체인 (공동의) 가치는 사람들 안에 일정한 공동의 정

서를 만들어 낸다. …… '그들의 행위를 본받지 말라'는 계명은 우상숭배 문화를 배격하라는 뜻으로, 복잡하게 얽힌 생활방식과 의식(儀式)과 신앙을 두루 포괄한다. …… 우상숭배의 산물인 문화를 비판하는 일도 이 주제에서 빼놓을 수 없다."

5. 우상의 종류를 간략히 열거하면 다음과 같다. 우상의 폭넓은 범위를 보여 주는 이런 목록을 통해 각자의 우상을 더 잘 식별할 수 있다.

신학적 우상—교리적 오류는 하나님관을 심히 왜곡해서 결국 거짓 신을 숭배하게 만든다.

성적 우상—포르노와 페티시즘 같은 중독은 친밀감과 수용을 약속할 뿐 실제로 가져다주지는 못한다. 자신이나 파트너의 외모를 떠받드는 행위나 로맨틱한 이상주의도 여기에 해당한다.

마술적·의식(儀式)적 우상—마법과 비교(秘敎)를 말한다. 모든 우상숭배는 결국 일종의 마술로서, 초월적 실체의 참 질서에 사랑과 지혜로 복종하는 것이 아니라 오히려 힘써 반항한다.

정치적·경제적 우상—좌파나 우파나 자유방임 등의 이념으로서, 정치 질서의 어떤 단면을 절대화해 궁극의 해법으로 삼는다. 자유시장을 신격화하거나 악마처럼 여기는 것도 그 한 예다.

인종적·민족적 우상—인종차별, 군국주의, 국수주의 등이다. 민족적 자긍심도 적의나 압제로 변하면 이에 해당한다.

관계적 우상—병적으로 의존하는 역기능적 가족관계, 부적절한 끌림, 자녀를 통해 대리 인생을 사는 것 등이다.

종교적 우상—도덕주의와 율법주의, 성공과 은사의 숭배, 종교를 빙자한 권력 남용 등이다.

철학적 우상—인생의 문제를 (죄가 아니라) 어떠한 피조물로 보고, 문제의 해답을 (하나님의 은혜가 아니라) 인간의 산물이나 노력으로 보는 모든 사상 체계를 말한다.

문화적 우상—서구의 극단적 개인주의는 공동체를 희생시켜 개인의 행복을 우상으로 삼고, 수치의 문화는 개인의 권리를 희생시켜 가정과 가문을 우상으로 삼는다.

근원적 우상—동기적 욕구와 기질이 절대화된 상태다. 1)권력의 우상: '남에게 행사할 권력과 영향력이 있어야만 삶의 의미와 내 가치가 성립된다.' 2)인정의 우상: '아무개에게 사랑받고 존중받아야만 삶의 의미와 내 가치가 성립된다.' 3)안락의 우상: '특정한 쾌락과 삶의 질을 누려야만 삶의 의미와 내 가치가 성립된다.' 4)통제의 우상: '특정한 분야에서 내 삶을 정복할 수 있어야만 삶의 의미와 내 가치가 성립된다.'

6. 이 대주교의 말로 널리 알려져 있으나 그 출처를 확인하거나 찾아낼 수는 없었다. 아마 풀어 쓴 표현일 것이다.

7. 성경에 따르면 우상숭배자는 누구나 자유와 통제를 더 얻으려고 가짜 신에 의지하지만, 결국은 자유와 통제가 오히려 더 줄어 일종의 노예가 된다. 우리는 참 하나님 대신 섹스와 돈과 권력을 추구하면 더 해방될 거라고 생각하지만 결국은 그런 것에 예속되고 만다. 우상숭배를 외도에 은유한 예레미야 2장과 에스겔 16장에서 보듯이 참 배우자이신 하나님을 떠나 다른 연인에게 가면 우리는 영적 성 중독에 빠진다. "너는 말하기를 아니라 이는 헛된 말이라 내가 이방 신들을 사랑하였은즉 그를 따라 가겠노라 하도다"(렘 2:25). "모든 높은 산 위에서와 모든 푸른 나무 아래에서 너는 몸을 굽혀 행음하도다"(렘 2:20).

8. David Powlison, "Idols of the Heart and Vanity Fair," *The Journal of Biblical Counseling*, 제13권 제2호(1995년 겨울호).

9. 다음 책으로 시작하면 좋다. Kenneth Boa, *Conformed to His Image* (Grand Rapids, Mich.: Zondervan, 2001). 케네스 보아, 《기독교 영성, 그 열두 스펙트럼》(디모데 역간). 다음은 영성 훈련에 관한 중요한 입문서다. Edmund P. Clowney, *CM: Christian Meditation* (Vancouver, B.C.: Regent, 1979). 저자는 동양 신비주의의 명상 기법과 정통 기독교의 묵상을 탁월하게 구분한다.

10. John Newton, *Works of John Newton*, 제6권 (Edinburgh, UK & Carlisle, Pa.: Banner of Truth 재판), 45쪽.

감사의 말

질 라마르와 데이비드 맥코믹과 브라이언 타트에게 감사한다. 늘 나의 집필을 자극하고 격려해 주는 문학적 드림팀이다. 여름마다 자리를 비우고 책을 쓰도록 도와주는 재니스 위스와 린 랜드에게도 감사한다.

이 책은 우리 문화에 관한 책이며, 내 나이 사람들은 지금의 문화에 공감하지 못할 때가 많으므로 그들의 이해를 돕는 책이기도 하다. 세 아들 데이비드와 마이클과 조너선은 늘 내게 헤아릴 수 없이 많은 복인데, 그중 이 책과 가장 직접 관련된 것은 자기들 세계의 우상을 지혜롭고 예리하게 관찰해 기꺼이 나와 함께 장시간 열띤 대화를 나

뉘 준 것이다. 함께 걷고 식사하고 그냥 어울리던 모든 시간으로 인해 감사한다. 훌륭한 성인으로 장성해 이 도시를 사랑하며 섬기는 아들들이 대견하다.

아내 캐시에게 깊은 고마움을 전한다. 아내는 이 책과 관련해 몇 달 동안, 책의 배후 개념과 관련해서는 여러 해 동안 나와 함께 수고했다. 존 뉴턴이 자기 아내 폴리에게 썼던 말을 나도 아내에게 하지 않을 수 없다. "이 오랜 세월과 많은 사랑과 의무가 이런 진기한 결과를 낳았을진대, 나는 오랜 습관 그대로 당신 없이는 거의 숨조차 쉴 수 없소."